中国語初級テキスト

はじめまして
中国語

椿 正美・戚 長纓 著

表紙・本文デザイン　市川貴司

まえがき

　本テキストは、中国語の初級段階の学習者を対象として編纂され、実際にビジネスや勉学で参考書として利用されることを目指し作成されました。全体の内容は、発音編、基本編、課文編に分かれています。

　中国語の学習は、複雑な発音の形式を習得することから始まります。発音編の内容では、母音と子音それぞれの発音規則、中国語の声調（音のリズム）の特徴等について紹介されています。次の基本編では、そこで得た知識を活かして簡単な単語や表現を読み、中国で使用されている字体（簡体字）にも慣れていきます。

　課文編は、全体の中心となる部分です。合計13課から構成され、それぞれの課には、本文、「文法のポイント」、練習問題が設置されています。

　本文は、殆どの部分が登場人物の会話形式によって綴られています。学校の施設や北京市内の名勝旧跡が舞台となり、北京に滞在中の日本の留学生が中国人の大学生の案内でキャンパス内を見学し、数日後には街を散策するという物語が設定されています。

　次の「文法のポイント」では、本文中で使用された重要な表現の文法規則について解説されています。また、「文法のポイント」の後には、本文の内容と関連の深い語彙が収録された「単語帳」が付されています。

　最後の練習問題では、CDによる聞き取りや中国語訳の問題が出題されています。これを達成することにより、「話す」「書く」「聞く」「読む」全ての基礎力を身に付けることが可能となります。

　学習者の皆さんが本書を通じて中国語の能力の総合的なレベルを向上されることを願っています。また、中国や中国語に対する関心も更に強めて戴ければ幸いです。

　最後に、本書の作成に当たり、駿河台出版社の浅見忠仁氏より助言をたくさんいただきました。ここに記して感謝の意を表します。

著　者
2013年11月

目次

中国語の学習を始める前に ……………………………………………………… 6
  1. 中国と中国語　2. 中国語について

発音編 ……………………………………………………………………………… 8
  1. 中国語の音節　2. 声調（四声）　3. 母音
  4. 子音　5. 儿（アール）化　6. 変調

基本編 …………………………………………………………………………… 14
  1. 簡単な表現　2. 数字　3. 地名　4. 親族の呼称　5. 漢詩「春望」

課文編
  第 1 课　**挨拶** ………………………………………………………………… 18
    1. 人称代名詞　2. 判断文　3. 名前の伝え方と尋ね方　4. "吗"疑問文

  第 2 课　**李君の部屋** ………………………………………………………… 22
    1. 指示代名詞　2. 動詞述語文　3. 助詞"的"　4. 省略疑問文"～呢"

  第 3 课　**大学の様子** ………………………………………………………… 26
    1. 形容詞述語文　2. 反復疑問文　3. 時間の表現①年、季節、月、日
    4. 〈勧誘〉〈命令〉〈推量〉を示す助詞"吧"

  第 4 课　**大学構内の見学** …………………………………………………… 30
    1. 〈願望〉を示す助動詞"想"と"要"　2. 疑問詞疑問文
    3. 〈所有〉〈存在〉を示す動詞"有"　4. 〈存在〉を示す動詞"在"

  第 5 课　**図書館に到着** ……………………………………………………… 34
    1. 方位詞　2. 〈必要〉を示す助動詞"要"　3. 介詞"在"　4. 助数詞

  第 6 课　**得意なスポーツは？** ……………………………………………… 38
    1. 〈可能〉を示す助動詞"会""能""可以"　2. 連動文　3. 動詞の重ね型

  第 7 课　**休憩** ………………………………………………………………… 42
    1. 選択疑問文　2. 副詞"也"と"都"　3. 使役文

第 8 课　**午後の計画** ･･･ 46
　1. アスペクト表現①〈完了〉〈実現〉を示す"～了"
　2. 時間の表現②曜日、時間帯　3. 主述述語文　4. "有点儿"と"一点儿"

第 9 课　**街へ出発** ･･･ 50
　1. アスペクト表現②〈経験〉を示す"～过"　2. 動量補語
　3. 時間の表現③時刻　4. 変化を示す"了"

第 10 课　**買い物をする** ･･ 54
　1. 様態補語　2. アスペクト表現③〈進行〉を示す"在～"
　3. 数量を尋ねる疑問代名詞"几""多少"　4. 名詞述語文

第 11 课　**天安門広場** ･･ 58
　1. 結果補語　2. 二重目的語文　3. アスペクト表現④〈持続〉を示す"～着"
　4. 介詞"给"　5. 介詞"从"と"到"

第 12 课　**故宮博物院** ･･ 64
　1. 方向補語　2. 処置文"把～"　3.〈当然〉を示す助動詞"应该"

第 13 课　**家族の紹介** ･･ 68
　1. アスペクト表現⑤〈将然〉を示す"要（"快"）～了"　2. 比較の表現
　3. "太～了"　4. "一边～一边～"　5. "是～的"

語彙索引 ･･･ 73

中国語の学習を始める前に

1. 中国と中国語

　私達がこれから学ぶ中国語とは、どのような特徴を持った言語でしょうか？ それを知るためには、まず中国という国について理解を深める必要があります。

　中国は正式名称を中華人民共和国（1949年10月1日建国）といいます。首都は北京に置かれ、行政区画には、4つの直轄市（北京、上海、天津、重慶）、23の省（河北省、浙江省、四川省等）、5つの自治区（チベット、内モンゴル、広西壮族、新疆ウイグル、寧夏回族）が設けられています。

　面積は約960万km²（世界第3位）あり、これは日本の約26倍に当たります。山地面積が全土の約70％を占め、西には8000mを超えるヒマラヤ山脈が聳えています。全体の地形は西高東低であり、中国を代表する大河である全長約6300kmの長江と約5464kmの黄河が西から東へと流れています。

　現在の総人口は約13億に達し、この数字は世界で5人に1人が中国人であることを示しています。住民の間では、広東語、福建語等、各地で様々な方言が使用され、地域の異なる者同士では、互いに言葉が通じないこともあります。

　また、中国は多民族国家でもあります。中国には、漢族の他、チベット族、モンゴル族、朝鮮族、ウイグル族等、合計56種類の民族が居住しています。但し、漢族が総人口の約90％を占めているので、他の民族は少数民族と呼ばれています。

　このような状況にある中国を治めるためには、統一された言語の設定が必要となります。そこで、中国政府は北京の語音を基礎として**普通話（プートンホァ）**と称する共通語を考案しました。私達が学習する中国語とは、この普通話のことです。

2. 中国語について

　言うまでもなく、中国語では日本語と同様に漢字が使用されます。その点だけを見れば、中国語は日本の学習者にとって非常に親しみやすく、習得するのも決して難しくない言語であるかのような印象を受けます。

　ところが、中国語と日本語では使用する漢字の形や意味が異なることがあり、発音の面でも中国語には日本語に存在しないような複雑な発声を要する漢字も多く含まれています。また、中国語の文型は {S + V + O} で構成され、同じ文意を示す日本語の文とは語順が異なります。以上のことから、中国語に対しては、外国の言語であるという認識は捨てずに接することが大切であると言えます。

　中国語には、次のような特徴があります。

(1) 漢字を使用する

　漢字は中国で発明された文字なので、当然、現在の中国でも使用されています。但し、中国

で用いられる漢字の中には、日本の漢字とは形や意味が異なるものもあります。
次のことに注意しましょう。

① 形が異なるもの
現在の中国では、古い字体を簡略化した形の漢字が使用されます。このような漢字は**簡体字**と呼ばれます。これに対し、古い字体で書かれたものは**繁体字**と呼ばれます。
（例）繁体字：　華　漢　車　龍　馬　樂　國
　　　簡体字：　华　汉　车　龙　马　乐　国

② 意味が異なるもの
中国語で用いられる単語と日本語で用いられる単語では、たとえ字の形が同じでも意味が異なる場合があります。このため、中国語で書かれた文を日本での漢字に関する知識だけに頼って翻訳すれば、間違った解釈を導く可能性があります。
（例）中国語：　走　　去　　汽车　　手纸　　麻雀
　　　日本語：　歩く　行く　自動車　ちり紙　スズメ

(2) アルファベット文字によって発音を表記する
中国語で用いられる漢字の発音表記には、アルファベット文字が使用されます。この表記は**拼音（ピンイン）**と呼ばれます。中国語の学習は、この拼音の読み方と表記法を覚えることから始まります。
（例）你好 ni hao　再见 zai jian　谢谢 xie xie

発音編

1. 中国語の音節

　中国語の音節は、語頭の子音に当たる**声母**、それより後の部分に当たる**韻母**、更に発音の高低や流れを示す**声調**によって構成されます。韻母は〈介音〉〈主母音〉〈尾音〉3つの部分に分かれることもあります。

　例えば、「川」を意味する"江"（ジャン）ならば発音表記は jiāng となり、音節の構成は次のようになります。

声調は第1声（高く水平に発声する）				
声母	韻母		
^	介音	主母音	尾音
j	i	a	ng

2. 声調（四声）　 02

　声調とは、発音の高低や流れのことです。中国語の場合は、第1声から第4声まで合計4種類に分かれているので、**四声**とも呼ばれます。それぞれの声調は、次のように発声されます。

　　第1声：高く水平に発声する。（声調符号は'ー'）
　　　　（例）"妈" mā（お母さん）
　　第2声：低い位置から一気に引き上げる。（声調符号は'ˊ'）
　　　　（例）"麻" má（麻）
　　第3声：低く抑えて引き上げる。（声調符号は'ˇ'）
　　　　（例）"马" mǎ（馬）
　　第4声：高い位置から一気に引き下げる。（声調符号は'ˋ'）
　　　　（例）"骂" mà（ののしる）

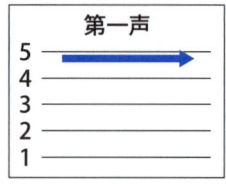 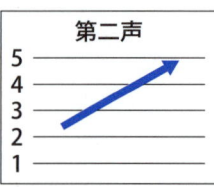 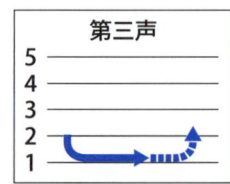 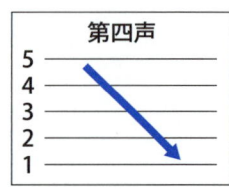

　中国語の声調には、これ以外に**軽声**もあります。
　　軽声：軽く短く発声する。
　　　　（例）"吗" ma（～ですか？）

＊声調符号を付ける場所は、母音の a、それがない場合は e または o という順になります。
i に付ける場合、上の・は取り除きます。
（例）"高" gāo　"内" nèi　"都" dōu　"第" dì

3. 母音
中国語の母音には、単母音、複母音、鼻母音があります。

(1) 単母音　🔊03

中国語の単母音は、合計 7 個あります。

　　　　a　o　e　i　u　ü　er

a：日本語の「ア」よりも大きく口を開けて発声する。

o：唇を丸く突き出して発声する。

e：唇を「エ」の形にして喉の奥から「オ」と発声する。

i：日本語の「イ」よりも唇を広く左右に引いて発声する。

u：日本語の「ウ」よりも唇を丸く突き出して発声する。

ü：唇は「ウ」の形にし、実際には「イ」と発声する。

er：口を開けた後に舌先を反りあげて発声する。

＊拼音は常に発声する通りに表記するとは限りません。語頭に子音がない場合、i、u、ü はそれぞれ yi、wu、yu と表記されます。
（例）"衣" yī　"五" wǔ　"雨" yǔ

【練習 1】発音しましょう。　🔊04

　　ā　á　ǎ　à　　ō　ó　ǒ　ò
　　ē　é　ě　è　　yī　yí　yǐ　yì
　　wū　wú　wǔ　wù　　yū　yú　yǔ　yù
　　ēr　ér　ěr　èr

（2）複母音

中国語の複母音は合計 13 個あります。

①二重母音　　💿05

　　ai　ei　ao　ou

　　ia　ie　ua　uo　üe

＊語頭に子音がない場合、ia、ie、ua、uo、üe は、それぞれ ya、ye、wa、wo、yue と表記されます。
　（例）"亚" yà　"夜" yè　"蛙" wā　"我" wǒ　"月" yuè

②三重母音　💿06

　　iao　iou　uai　uei

＊iao、uai は、語頭に子音がない場合、それぞれ yao、wai と表記されます。
　（例）"要" yào　"外" wài

＊iou、uei は、語頭に子音がある場合、それぞれ iu、ui と表記されます。声調符号は、iu は後の u、ui は後の i に付けられます。語頭に子音がない場合、それぞれ you、wei と表記されます。
　（例）"牛" niú　"鬼" guǐ　"有" yǒu　"位" wèi

【練習2】発音しましょう。💿07

　　āi　ái　ǎi　ài　　　ēi　éi　ěi　èi
　　āo　áo　ǎo　ào　　　ōu　óu　ǒu　òu
　　yā　yá　yǎ　yà　　　yē　yé　yě　yè
　　wā　wá　wǎ　wà　　　wō　wó　wǒ　wò
　　yuē　yué　yuě　yuè
　　yāo　yáo　yǎo　yào　　yōu　yóu　yǒu　yòu
　　wāi　wái　wǎi　wài　　wēi　wéi　wěi　wèi

（3）鼻母音　💿08

中国語の鼻母音は合計 16 個あります。

　　an　ian　en　uen　in　uan　ong　üan
　　ang　iang　eng　ueng　ing　uang　iong　ün

10

* ian と iang では、a の発音が異なります。また、en と eng では、e の発音が異なります。

* 語頭に子音がない場合、ian、iang、in、ing、iong は、それぞれ yan、yang、yin、ying、yong と表記されます。uen、ueng、uan、uang は、それぞれ wen、weng、wan、wang と表記されます。üan、üun は、それぞれ yuan、yun と表記されます。

（例）"眼" yǎn　"羊" yáng　"文" wén　"翁" wēng　"远" yuǎn　"云" yún

【練習3】発音しましょう。 09

ān	án	ǎn	àn	yuān	yuán	yuǎn	yuàn
iān	ián	iǎn	iàn	ēng	éng	ěng	èng
ēn	én	ěn	èn	wēng	wéng	wěng	wèng
wēn	wén	wěn	wèn	yīng	yíng	yǐng	yìng
yīn	yín	yǐn	yìn	wāng	wáng	wǎng	wàng
wān	wán	wǎn	wàn	iōng	ióng	iǒng	iòng
ōng	óng	ǒng	òng	yūn	yún	yǔn	yùn

4. 子音　10

中国語の子音は合計21個あります。

	無気音	有気音	鼻音	摩擦音	側面音
唇　　音	b(o)	p(o)	m(o)	f(o)	
舌 尖 音	d(e)	t(e)	n(e)		l(e)
舌 根 音	g(e)	k(e)		h(e)	
舌 面 音	j(i)	q(i)		x(i)	
反り舌音	zh(i)	ch(i)		sh(i)	r(i)
舌 歯 音	z(i)	c(i)		s(i)	

* 発声する時に息を強く出す音を**有気音**といいます。あまり強く出さない音を**無気音**といいます。

* zi、ci、si の i は、唇は「イ」の形にし、実際には「ウ」と発声します。ju、qu、xu の u は、ü と同じく、唇は「ウ」の形にし、実際には「イ」と発声します。

（例）"字" zì　"次" cì　"寺" sì　"局" jú　"去" qù　"许" xǔ

【練習4】発音しましょう。 🎧11

bā（"八"）	bó（"伯"）	pǐ（"匹"）	pà（"怕"）
mō（"摸"）	mí（"迷"）	fǎ（"法"）	fù（"父"）
dā（"搭"）	dé（"德"）	tǐ（"体"）	tè（"特"）
nī（"妮"）	ná（"拿"）	lǐ（"礼"）	lù（"路"）
gū（"姑"）	gé（"革"）	kǔ（"苦"）	kè（"课"）
hā（"哈"）	hé（"和"）	jǐ（"己"）	jù（"句"）
qū（"区"）	qí（"其"）	xǐ（"洗"）	xù（"婿"）
zhū（"猪"）	zhé（"哲"）	chǐ（"尺"）	chà（"差"）
shū（"书"）	shí（"十"）	rǔ（"汝"）	rì（"日"）
zī（"姿"）	zú（"族"）	cǐ（"此"）	sì（"四"）

5. 儿（アール）化 🎧12

儿化とは、音節の最後に接尾辞として"儿"が付く現象のことです。舌を反りあげて発声し、拼音はrで表記します。

（例）"花儿" huār　"歌儿" gēr

＊尾音にiが含まれる音節では、iが脱落した状態でrを発声します。

（例）"事儿" shìr　"味儿" wèir

＊尾音にnが含まれる音節では、nが脱落した状態でrを発声します。

（例）"玩儿" wánr　"一点儿" yìdiǎnr

＊尾音にngが含まれる音節では、ngが脱落した状態でrを発声します。

（例）"空儿" kòngr　"电影儿" diànyǐngr

6. 変調

声調が本来のものから変化する現象を**変調**といいます。中国語の変調には、次のようなものがあります。

(1) 第3声の変化 🎧13

①第3声＋第3声→第2声＋第3声

第3声が2つ以上連続した場合、前の第3声は第2声に変化します。但し、符号は第3声のまま表記します。

（例）"你" nǐ ＋ "好" hǎo → "你好" níhǎo
　　　 "老" lǎo ＋ "虎" hǔ → "老虎" láohǔ

②第3声＋第1、2、4→半3声＋第1、2、4
　第3声に第1、2、4声が続いた場合、前の第3声は半分の3声に変化します。このような声調を半3声といいます。半3声は低く抑えて短く発声します。但し、符号は第3声のまま表記します。
　（例）"老" lǎo ＋ "师" shī → "老师" laoshī（lao は半3声）
　　　 "祖" zǔ ＋ "国" guó → "祖国" zuguó（zu は半3声）
　　　 "努" nǔ ＋ "力" lì → "努力" nulì（nu は半3声）

(2) "一" と "不"　　🎧14
　数字の「1」を意味する"一"、動詞や形容詞の否定を示す"不"の声調は、それに続く声調に従い、異なった形式の変調が発生します。
①"一"
　"一" yī は、本来ならば第1声で発声しますが、第1、2、3声が後に続く場合は第4声、第4声が続く場合は第2声に変調します。
　（例）"一般" yìbān　"一年" yìnián
　　　 "一本" yìběn　"一部" yíbù

②"不"
　"不" bù は、本来ならば第4声で発声しますが、第4声が後に続く場合は第2声に変調します。
　（例）"不高" bùgāo　"不来" bùlái
　　　 "不小" bùxiǎo　"不大" búdà

【練習5】次の声調の組み合わせパターンを発音しましょう。　🎧15

	第1声	第2声	第3声	第4声	軽声
第1声	gōngsī 公司	qīngnián 青年	shēntǐ 身体	gōngzuò 工作	xiūxi 休息
第2声	báitiān 白天	xuéxí 学习	jiéguǒ 结果	wénhuà 文化	péngyou 朋友
第3声	shǒujī 手机	měinián 每年	shuǐguǒ 水果	lǐwù 礼物	yǐzi 椅子
第4声	xìnfēng 信封	wèntí 问题	Hànyǔ 汉语	biànhuà 变化	yìsi 意思

13

基本編

1. 簡単な表現 🔊16

挨拶言葉

你好。	Nǐ hǎo.	こんにちは。
你们好。	Nǐmen hǎo.	みなさん、こんにちは。
老师好。	Lǎoshī hǎo.	先生、こんにちは。
谢谢。	Xièxie.	ありがとう。
不谢。	Bú xiè.	どういたしまして。
对不起。	Duìbuqǐ.	すみません。
没关系。	Méi guānxi.	大丈夫です。
再见。	Zàijiàn.	さようなら。

教室用語

现在开始上课。	Xiànzài kāishǐ shàngkè.	授業を始めます。
请跟我念。	Qǐng gēn wǒ niàn.	私の後について読んで下さい。
有没有问题?	Yǒu méiyǒu wèntí?	質問はありますか?
请再说一遍。	Qǐng zài shuō yí biàn.	もう一度言って下さい。
今天的课就到这儿。	Jīntiān de kè jiù dào zhèr.	今日の授業はここまでです。

2. 数字 🔊17

一 yī	二 èr	三 sān	四 sì	五 wǔ
六 liù	七 qī	八 bā	九 jiǔ	十 shí
十一 shíyī	十二 shí'èr	十三 shísān	……	二十 èrshí
二十一 èrshiyī	二十二 èrshi'èr	二十三 èrshisān	……	三十 sānshí
四十 sìshí	五十 wǔshí	一百 yìbǎi		
一百零一 yìbǎi líng yī	一百零二 yìbǎi líng èr	一百一十 yìbǎi yīshí		一百二十 yìbǎi èrshí
一千 yìqiān	一万 yíwàn	一亿 yíyì		

* 「2」を表す語には"二"と"两"(liǎng)の2種類があります。「第2の~」「2番目の~」等のように順番としての「2」を表現する場合には"二"、「2個の~」「2本の~」等のように数量としての「2」を表現する場合には"两"を使用します。

(例)"第二课" dì èr kè(第2課)　　"第二次" dì èr cì(第2回目)
　　　"两个人" liǎng ge rén(2人)　　"两本书" liǎng běn shū(2冊の本)

3. 地名 　🔘18

日本の都市

东京 Dōngjīng	大阪 Dàbǎn	横滨 Héngbīn	名古屋 Mínggǔwū
札幌 Zháhuǎng	神户 Shénhù	仙台 Xiāntái	广岛 Guǎngdǎo
京都 Jīngdū	福冈 Fúgāng	那霸 Nàbà	

世界の主な国々と首都

中国	中国	Zhōngguó	北京	Běijīng
アメリカ	美国	Měiguó	华盛顿	Huáshèngdùn
イギリス	英国	Yīngguó	伦敦	Lúndūn
ドイツ	德国	Déguó	柏林	Bólín
フランス	法国	Fǎguó	巴黎	Bālí
イタリア	意大利	Yìdàlì	罗马	Luómǎ
韓国	韩国	Hánguó	首尔	Shǒu'ěr
ロシア	俄罗斯	Éluósī	莫斯科	Mòsīkē
ブラジル	巴西	Bāxī	巴西利亚	Bāxīlìyà
カナダ	加拿大	Jiānádà	渥太华	Wòtàihuá
インド	印度	Yìndù	新德里	Xīndélǐ

4. 親族の呼称 　🔘19

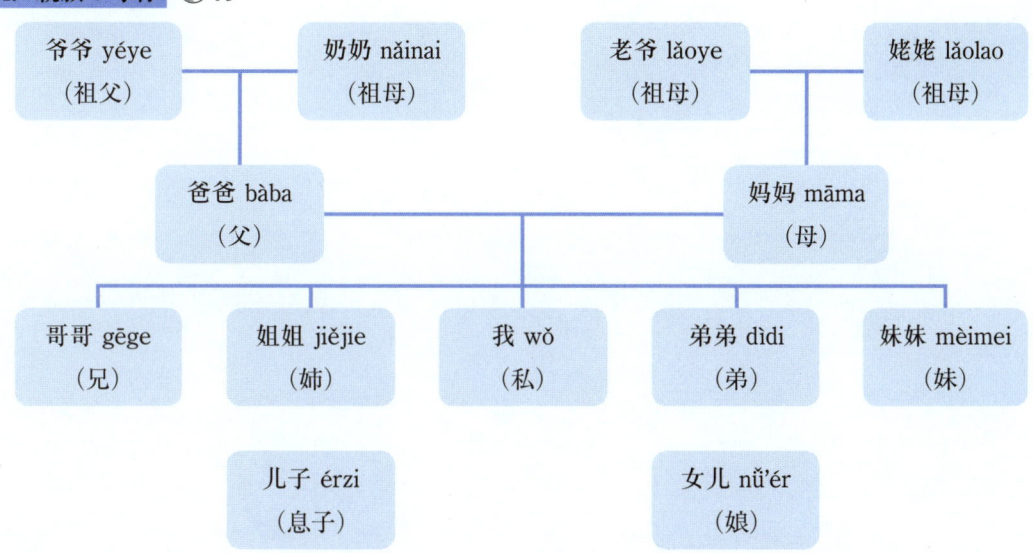

5. 漢詩「春望」

春望　　Chūnwàng

　　　　杜甫　　Dù Fǔ

国 破 山 河 在　　Guó pò shān hé zài
城 春 草 木 深　　Chéng chūn cǎo mù shēn
感 时 花 溅 泪　　Gǎn shí huā jiàn lèi
恨 别 鸟 惊 心　　Hèn bié niǎo jīng xīn
烽 火 连 三 月　　Fēng huǒ lián sān yuè
家 书 抵 万 金　　Jiā shū dǐ wàn jīn
白 头 搔 更 短　　Bái tóu sāo gèng duǎn
浑 欲 不 胜 簪　　Hún yù bù shēng zān

課文編

第 1 课

挨拶

🔊 21

舞台は中国の首都・北京にある大学のキャンパス。日本から来た留学生の鈴木明君は、同じ大学で勉強する中国人の学生の李春明君から声をかけられます。

 外国語の学習の基礎は挨拶の表現です。しっかりと学びましょう。また、この課では簡単な疑問文の作成も可能にし、人称代名詞の種類についても習得していきます。

李　：你 好！
　　　Nǐ hǎo!

铃木：你 好！
　　　Nǐ hǎo!

李　：你 是 留学生 吗?
　　　Nǐ shì liúxuéshēng ma?

铃木：对，我 是 日本 留学生。
　　　Duì, wǒ shì Rìběn liúxuéshēng.

李　：我 姓 李，叫 李 春明。您 贵 姓?
　　　Wǒ xìng Lǐ, jiào Lǐ Chūnmíng. Nín guì xìng?

铃木：我 姓 铃木，叫 铃木 明。请 多 关照。
　　　Wǒ xìng Língmù, jiào Língmù Míng. Qǐng duō guānzhào.

🔊 22

新出語句

你 nǐ 您 nín ［代］ あなた
好 hǎo ［形］ 良い
你好 nǐ hǎo　こんにちは
是 shì ［動］ ～です
留学生 liúxuéshēng ［名］ 留学生
吗 ma ［助］ ～か?
对 duì ［形］ その通りです

我 wǒ ［代］ 私
日本 Rìběn ［名］ 日本
贵姓 guìxìng　お名前
姓 xìng ［動］ ～という苗字です
叫 jiào ［動］（名前は）～といいます
请多关照 qǐng duō guānzhào
　　　　　よろしくお願いします

文法のポイント

1. 人称代名詞

	単　　数	複　　数
第1人称	我 wǒ	我们 wǒmen　　咱们 zánmen
第2人称	你 nǐ　　您 nín	你们 nǐmen
第3人称	他 tā　　她 tā　　它 tā	他们 tāmen　　她们 tāmen　　它们 tāmen
疑問	谁 shéi (shuí)	

* "您"は"你"の敬語です。"您"の複数形"您们"は存在しません。
* "我们"の意味に聞き手は含まれませんが、"咱们"には含まれます。
* "他"は「彼」、"她"は「彼女」を意味します。
* "它"は人間以外の物に用いられます。

2. 判断文

中国語で「～である」を表現する場合は、述語の部分に動詞"是"を置きます。このような文体を**判断文**といいます。

　　A　+　"是"　+　B　　　　AはBである。
　（主語）　　　　（目的語）

我是大学生。　　Wǒ shì dàxuéshēng.
他是日本人。　　Tā shì Rìběnrén.

否定文「～ではない」を表現する場合は、"是"の前に否定副詞"不"を置きます。

　　A　+　"不是"　+　B　　　　AはBではない。
　（主語）　　　　（目的語）

她们不是留学生。　　Tāmen bú shì liúxuéshēng.

3. 名前の伝え方と尋ね方

中国語で自分の名前を相手に伝える時、姓のみの場合は"姓"、フルネームの場合は"叫"を使用します。

姓のみの場合

　　"我"　+　"姓"　+　A（姓）　　　　私はAと申します。

フルネームの場合

　　"我"　+　"叫"　+　A・B（姓名）　　　　私はABと申します。

相手に姓を尋ねる時には、"您贵姓?"と表現します。フルネームを尋ねる場合には、「何」を意味する"什么"を"名字"の前に置いて"什么名字"（「どのような名前」）を構成し、"你叫什么名字?"と表現します。

您贵姓？　　　Nín guìxìng?
我姓田中。　　Wǒ xìng Tiánzhōng.
你叫什么名字？　Nǐ jiào shénme míngzi?
我叫田中一郎。　Wǒ jiào Tiánzhōng Yīláng.

4. "吗"疑問文

平叙文の内容が合っているかどうかを相手に尋ねる時、文末に助詞"吗"を置いて疑問文を構成します。意味は「〜か？」となります。

A〔平叙文〕＋ "吗"？　　　A（します／です）か？

你是日本人吗？　Nǐ shì Rìběnrén ma?
她是老师吗？　　Tā shì lǎoshī ma?
你姓田中吗？　　Nǐ xìng Tiánzhōng ma?

補充語句　♪23

大学生 dàxuéshēng 名 大学生	什么 shénme 代 何
日本人 Rìběnrén 名 日本人	名字 míngzi 名 名前
不 bù 副 〜しない	老师 lǎoshī 名 先生、教師

単語帳①　主な日本人の苗字

伊藤 Yīténg	加藤 Jiāténg	小林 Xiǎolín
斋藤 Zhāiténg	佐藤 Zuǒténg	高桥 Gāoqiáo
田中 Tiánzhōng	中村 Zhōngcūn	松本 Sōngběn
山口 Shānkǒu	山田 Shāntián	山本 Shānběn
吉田 Jítián	井上 Jǐngshàng	佐佐木 Zuǒzuǒmù
长谷川 Chánggǔchuān		

第1课　挨拶

練　習

1　次の発音を聞いてピンインで書きなさい。　◎24

(1) _____　　(2) _____

(3) _____　　(4) _____

(5) _____　　(6) _____

2　次のピンインを漢字（簡体字）に直しなさい。

(1) Nǐ hǎo.

(2) Wǒ shì liúxuéshēng.

(3) Nín guì xìng?

3　次の文を中国語で書きなさい。

(1) みなさん、こんにちは。
_____

(2) 私は日本人です。
_____

(3) あなたは中国の留学生ですか？
_____

(4) 彼は中国人ではありません。
_____

(5) どうぞ、よろしくお願いします。
_____

第 2 课 李君の部屋

李君は、大学の寮にある自分の部屋へ鈴木君を招待します。鈴木君は、李君が所有している教材について質問します。

学習目標 この課では、物を指し示す時に用いる指示代名詞の種類について習得し、それぞれが正しく使い分けできるよう練習します。動詞が述語として置かれる位置についても学び、それによって表現できる範囲を広げます。

铃木：我 学习 汉语，你 呢?
　　　Wǒ xuéxí Hànyǔ, nǐ ne?

李　：我 学习 英语。
　　　Wǒ xuéxí Yīngyǔ.

铃木：这 是 你 的 英语 课本 吗?
　　　Zhè shì nǐ de Yīngyǔ kèběn ma?

李　：是，这 是 我 的 英语 课本。
　　　Shì, zhè shì wǒ de Yīngyǔ kèběn.

铃木：那 是 词典 吗?
　　　Nà shì cídiǎn ma?

李　：不。那 不 是 词典，是 参考书。
　　　Bù. Nà bú shì cídiǎn, shì cānkǎoshū.

新出語句

学习 xuéxí 動 勉強する
汉语 Hànyǔ 名 中国語
〜呢 ne 助 〜は？
词典 cídiǎn 名 辞書
的 de 助 〜の
课本 kèběn 名 テキスト
那 nà 代 それ、あれ
英语 Yīngyǔ 名 英語
这 zhè 代 これ
参考书 cānkǎoshū 名 参考書

第2課　李君の部屋

文法のポイント

1. 指示代名詞

	事物を対象とする表現		場所を対象とする表現	
近称	这 zhè	这个 zhège　这些 zhèxiē	这儿 zhèr	这里 zhèli
遠称	那 nà	那个 nàge　那些 nàxiē	那儿 nàr	那里 nàli
疑問	哪 nǎ	哪个 nǎge　哪些 nǎxiē	哪儿 nǎr	哪里 nǎli

＊"这个""那个""哪个"は単数の事物、"这些""那些""哪些"は複数の事物を指示の対象とします。

这是书。　　　Zhè shì shū.
那不是本子。　Nà bú shì běnzi.

2. 動詞述語文

行為の実現や現象の発生を表現する文型はS（主語）＋V（述語／動詞）となります。このような文体を**動詞述語文**といいます。意味は「～は～する」となります。

　　A　＋　B　　　　　AはBする。
　（主語）（述語／動詞）

我学习。　　Wǒ xuéxí.
他不来。　　Tā bù lái.

動詞の目的語を記す必要がある場合には、目的語を動詞の後に置いてS（主語）＋V（述語／動詞）＋O（目的語）を構成します。

　　A　＋　B　＋　C　　　　AはCをBする。
　（主語）（述語／動詞）（目的語）

我吃饭。　　　　Wǒ chī fàn.
她不去中国。　　Tā bú qù Zhōngguó.

3. 助詞 "的"

事物や団体等との所有関係・所属関係を表現する場合には、構造助詞"的"を使用します。意味は「～の」となります。

我的电脑　　wǒ de diànnǎo
他的衣服　　tā de yīfu

但し、家族関係、人間関係、団体との関係を表現する場合、通常"的"は省略します。
我爸爸　　wǒ bàba
他朋友　　tā péngyou
她们学校　　tāmen xuéxiào

4. 省略疑問文 "～呢"
　先行して掲示された話題を受け、質問の内容が初めから分かっている疑問文の場合、主語の後に助詞"呢"を置いて他の部分を省略することができます。このような疑問文を**省略疑問文**といいます。意味は「～は？」となります。
我是日本人，你呢？　　Wǒ shì Rìběnrén, nǐ ne?
他是留学生，你呢？　　Tā shì liúxuéshēng, nǐ ne?

補充語句　♪27

书 shū　名　本	电脑 diànnǎo　名　パソコン
本子 běnzi　名　ノート	衣服 yīfu　名　衣服
来 lái　動　来る	爸爸 bàba　名　お父さん
吃 chī　動　食べる	朋友 péngyou　名　友だち
饭 fàn　名　ご飯	学校 xuéxiào　名　学校
中国 Zhōngguó　名　中国	

単語帳②　　文房具

铅笔 qiānbǐ　エンピツ	橡皮 xiàngpí　消しゴム
钢笔 gāngbǐ　ペン	圆珠笔 yuánzhūbǐ　ボールペン
圆规 yuánguī　コンパス	剪刀 jiǎndāo　ハサミ
书包 shūbāo　カバン	铅笔盒 qiānbǐhé　筆箱

練　習

1　次の発音を聞いてピンインで書きなさい。　🔘28

(1) _____　　(2) _____

(3) _____　　(4) _____

(5) _____　　(6) _____

2　次のピンインを漢字（簡体字）に直しなさい。

(1) Nǐ qù Zhōngguó ma?

(2) Zhè shì Hànyǔ cídiǎn.

(3) Wǒ xuéxí Yīngyǔ, nǐ ne?

3　次の文を中国語で書きなさい。

(1) これは私のパソコンです。
_____

(2) それは彼のテキストではありません。
_____

(3) あれはあなた達の大学ですか？
_____

(4) 彼は中国へ行きます。あなたは？
_____

(5) 彼女は留学生です。あなたは？
_____

第3课 大学の様子

留学生活を控えた鈴木君は、これから自分が滞在する大学の中にどのような施設が配されているかを確かめたくなりました。そこで、李君の案内で大学構内の見学を始めることにしました。

学習目標 この課では、形式が少し複雑な反復疑問文の作成について学びます。また、さまざまな形容詞の種類や述語として置かれる位置について習得し、表現できる内容を更に広げていきます。

铃木：我们 学校 大 吗?
　　　Wǒmen xuéxiào dà ma?

李　：比较 大。
　　　Bǐjiào dà.

铃木：学生 多 不 多?
　　　Xuésheng duō bu duō?

李　：很 多。
　　　Hěn duō.

铃木：今天 我 想 去 校园 参观 参观。
　　　Jīntiān wǒ xiǎng qù xiàoyuán cānguān cānguān.

李　：那，我 陪 你 一起 去。走 吧。
　　　Nà, wǒ péi nǐ yìqǐ qù. Zǒu ba.

新出語句

大 dà 形 大きい	校园 xiàoyuán 名 キャンパス
比较 bǐjiào 副 比較的、やや	参观 cānguān 動 見学する
学生 xuésheng 名 学生	陪 péi 動 付き添う
多 duō 形 多い	一起 yìqǐ 副 一緒に
很 hěn 副 非常に、とても	去 qù 動 行く
今天 jīntiān 名 今日、本日	走 zǒu 動 歩く、行く
想 xiǎng 助動 ～したい	吧 ba 助 ～しましょう

文法のポイント

1. 形容詞述語文
　述語は常に動詞であるとは限りません。物事の性質や状態を示す形容詞が述語の部分に置かれる形式もあり、その場合の文型は〔主語〕＋〔述語／形容詞〕となります。このような文体を**形容詞述語文**といいます。意味は「〜は〜である」となります。

　　　A　＋　　B　　　　AはBである。
　　（主語）　（述語／形容詞）

中国很大。　　Zhōngguó hěn dà.
我们不忙。　　Wǒmen bù máng.
汉语难吗?　　Hànyǔ nán ma?

2. 反復疑問文
　中国語の疑問文には、述語等に当たる動詞や形容詞の肯定形と否定形を並べて作成する形式もあります。このような疑問文を**反復疑問文**といいます。

　　A（述語／動詞・形容詞）の〔肯定形〕＋〔否定形〕
　　　　　　　　　　　　　　　　　Aをしますか（ですか）？

他是不是中国人?　　Tā shì bu shì Zhōngguórén?
你吃不吃面条?　　　Nǐ chī bu chī miàntiáo?
你们学校大不大?　　Nǐmen xuéxiào dà bu dà?

また、次のような表現方法もあります。
你是中国人不是?　　Nǐ shì Zhōngguórén bú shì?
你吃面条不吃?　　　Nǐ chī miàntiáo bù chī?
＊反復疑問文の場合、文末に"吗"を付けてはいけません。
　×"你是不是中国人吗?"

3. 時間の表現①年、季節、月、日
(1) 年
　一九四九年 yījiǔsìjiǔnián　　一九七二年 yījiǔqī'èrnián　　二〇〇八年 èrlínglíngbānián
　去年 qùnián（去年）　　　　今年 jīnnián（今年）　　　　明年 míngnián（来年）
　前年 qiánnián（一昨年）　　后年 hòunián（再来年）

(2) 季節

春天 chūntiān（春）　　夏天 xiàtiān（夏）　　秋天 qiūtiān（秋）　　冬天 dōngtiān（冬）

(3) 月

一月 yīyuè　　　　二月 èryuè　　　　三月 sānyuè　　　　四月 sìyuè
五月 wǔyuè　　　　六月 liùyuè　　　　七月 qīyuè　　　　八月 bāyuè
九月 jiǔyuè　　　　十月 shíyuè　　　　十一月 shíyīyuè　　十二月 shí'èryuè
上个月 shàng ge yuè（先月）　这个月 zhè ge yuè（今月）　下个月 xià ge yuè（来月）

(4) 日

一号 yīhào：一日 yīrì　　　二号 èrhào：二日 èrrì　　　三号 sānhào：三日 sānrì …
昨天 zuótiān（昨日）　　今天 jīntiān（今日）　　明天 míngtiān（明日）
前天 qiántiān（一昨日）　后天 hòutiān（明後日）

4.〈勧誘〉〈命令〉〈推量〉を示す助詞 "吧"

発言の内容に強い気持ちを込めた時、話し手は文末に語気助詞 "吧" を置きます。"吧" の示す内容には〈勧誘〉〈命令〉〈推量〉があり、それぞれ意味は異なります。

A〔平叙文〕+ "吧"　　〈勧誘〉を示す場合：A しましょう。
　　　　　　　　　　　　〈命令〉を示す場合：A しなさい。
　　　　　　　　　　　　〈推量〉を示す場合：A でしょう。

咱们走吧。　　　Zánmen zǒu ba.
你吃吧。　　　　Nǐ chī ba.
他们是中国人吧？　Tāmen shì Zhōngguórén ba?

補充語句 ♪31

| 忙 máng 形 忙しい | 中国人 Zhōngguórén 名 中国人 |
| 难 nán 形 難しい | 面条 miàntiáo 名 麺類 |

単語帳③　いろいろな形容詞

大 dà（大きい）　　小 xiǎo（小さい）　　多 duō（多い）　　少 shǎo（少ない）
长 cháng（長い）　　短 duǎn（短い）　　远 yuǎn（遠い）　　近 jìn（近い）
新 xīn（新しい）　　旧 jiù（古い）　　　热 rè（暑い）　　　冷 lěng（寒い）

第 3 课　大学の様子

練　習

1　次の発音を聞いてピンインで書きなさい。　🔘32

(1) _____　　(2) _____

(3) _____　　(4) _____

(5) _____　　(6) _____

2　次のピンインを漢字（簡体字）に直しなさい。

(1) Hànyǔ nán bu nán? Bù nán.

(2) Wǒmen yìqǐ qù ba.

(3) yījiǔqīsìnián shí'èryuè èrshijiǔhào

3　次の文を中国語で書きなさい。

(1) あなたは忙しいですか？（反復疑問文で）
_____

(2) 彼は留学生ですか？（反復疑問文で）
_____

(3) 昨日はとても暑いです。
_____

(4) 明日は私の誕生日です。　　誕生日＝生日 shēngrì
_____

(5) 日本にはたいへん多くの中国の留学生がいるでしょう。
_____

29

第 4 课 大学構内の見学

鈴木君は、大学構内のさまざまな施設の存在を確認します。もともと読書が好きだった鈴木君は、図書館の見学も希望します。

学習目標 この課では、「何」「誰」「どこ」等を尋ねる疑問詞疑問文の作成について学びます。また、人や物の〈所有〉〈存在〉の表現についても学び、適切な単語を使用して正しい語順で文を作成できるよう練習します。更に、〈願望〉を示す表現についても学び、自分の要求を聞き手に正しく伝える力を身に付けます。

鈴木：那 是 什么？
　　　Nà shì shénme?

李　：那 是 教学楼。
　　　Nà shì jiàoxuélóu.

鈴木：有 礼堂 吗？
　　　Yǒu lǐtáng ma?

李　：有。礼堂 在 那边儿。
　　　Yǒu. Lǐtáng zài nàbianr.

鈴木：图书馆 在 哪儿？
　　　Túshūguǎn zài nǎr?

李　：图书馆 在 礼堂 后边儿。想 不 想 去 看看？
　　　Túshūguǎn zài lǐtáng hòubianr. Xiǎng bu xiǎng qù kànkan?

鈴木：想 啊。我 很 喜欢 看 书。
　　　Xiǎng a. Wǒ hěn xǐhuan kàn shū.

新出語句

教学楼 jiàoxuélóu	名	教学楼
有 yǒu	動	ある、いる
礼堂 lǐtáng	名	講堂
在 zài	動	ある
那边儿 nàbianr	方	そこ、あそこ
图书馆 túshūguǎn	名	図書館
后边儿 hòubianr	方	後ろの方
看 kàn	動	見る
啊 a	助	感嘆、催促等を表す
喜欢 xǐhuan	動	好き

文法のポイント

1.〈願望〉を示す助動詞"想"と"要"

ある行為の願望を表現する時には、その内容を表す部分の前に助動詞"想"または"要"を置きます。意味は「〜したい」となります。

   A + "想"（"要"） + B AはBをしたい。
   人物等   行為

 我想去意大利。 Wǒ xiǎng qù Yìdàlì.
 我想喝咖啡。   Wǒ xiǎng hē kāfēi.
 我不想去意大利。 Wǒ bù xiǎng qù Yìdàlì.
 我要买数码相机。 Wǒ yào mǎi shùmǎ xiàngjī.
 我要看电视。   Wǒ yào kàn diànshì.

＊"要"の否定形は"不想"です。従って、"我要看电视"の場合は"我不想看电视"となります。

2. 疑問詞疑問文

中国語の疑問文には、「誰」「何」等を相手に尋ねる**疑問詞疑問文**があります。「誰」を意味する疑問詞は"谁"、「何」を意味する疑問詞は"什么"、「どうであるか」を意味する疑問詞は"怎么样"となります。

 这是什么? Zhè shì shénme?
 你是谁?   Nǐ shì shéi?
 你身体怎么样? Nǐ shēntǐ zěnmeyàng?
 书在哪儿?   Shū zài nǎr?

＊疑問詞疑問文の場合、文末に助詞"吗"を付けてはいけません。
 ×"这是什么吗?"

3.〈所有〉〈存在〉を示す動詞"有"

動詞"有"は、人や物の〈所有〉または〈存在〉を表現します。否定の場合は、"没有"を使用します。

(1)〈所有〉を表現する場合：「〜を持っている」「〜がある」

   A + "有" + B AはBを持っている（Bがある）。
   人物等   人・物

 我有钢笔。   Wǒ yǒu gāngbǐ.
 他们没有汽车。 Tāmen méiyǒu qìchē.

31

(2) 〈存在〉を表現する場合:「～がいる」「～がある」

   A + "有" + B   AにはBがいる（Bがある）。
   場所   人・物

东京有很多书店。 Dōngjīng yǒu hěn duō shūdiàn.
我们班有外国留学生。 Wǒmen bān yǒu wàiguó liúxuéshēng.

4. 〈存在〉を示す動詞 "在"

動詞 "在" は、人や物の〈存在〉を表現します。否定の場合は、"不在" を使用します。

   A + "在" + B   AはBにいる（ある）。
   人・物   場所

他在法国。 Tā zài Fǎguó.
电话不在这儿。 Diànhuà bú zài zhèr.
李老师在图书馆吗？ Lǐ lǎoshī zài túshūguǎn ma?

補充語句 🎧35

意大利 Yìdàlì 名 イタリア	没 méi 副 ～ない
喝 hē 動 飲む	汽车 qìchē 名 自動車
咖啡 kāfēi 名 コーヒー	东京 Dōngjīng 名 東京
买 mǎi 動 買う	书店 shūdiàn 名 書店
数码相机 shùmǎ xiàngjī 名 デジカメ	班 bān 名 クラス
身体 shēntǐ 名 身体	外国 wàiguó 名 外国
怎么样 zěnmeyàng 名 どうですか？	法国 Fǎguó 名 フランス
钢笔 gāngbǐ 名 ペン	

単語帳④ 大学の施設

教室 jiàoshì 教室	办公室 bàngōngshì 事務室
阅览室 yuèlǎnshì 閲覧室	操场 cāochǎng グラウンド
宿舍 sùshè 寮	食堂 shítáng 食堂

練　習

1 次の発音を聞いてピンインで書きなさい。　◎36

(1) _____　　(2) _____

(3) _____　　(4) _____

(5) _____　　(6) _____

2 次の日本語の意味に合うように〔　〕内の語句を選びなさい。

(1) 私は自動車を持っています。
　　　我〔　在　/　有　〕汽车。
(2) 彼は日本にいます。
　　　他〔　在　/　有　〕日本。
(3) 北京大学には非常に多くの外国の留学生がいます。
　　　北京大学〔　在　/　有　〕很多外国留学生。

3 次の文を中国語で書きなさい。

(1) あれは何ですか？
_____

(2) 私はフランスへ行きたいです。
_____

(3) あなた達の大学はどこにありますか？
_____

(4) 彼はペンを持っていますか？
_____

第5课 図書館に到着

🔴37

鈴木君と李君は、大学の図書館に到着しました。鈴木君は、どのような本が保管されているか李君に尋ねます。

 この課では、方位詞の種類について習得し、場所を表現する方法を豊富にします。また、人や物の数量を表現するために用いる助数詞（「～個」「～本」等）についても学びます。中国語の助数詞は、日本語の場合とは異なる単語を用いるので、注意して覚えましょう。

李　：这儿 是 新 图书馆。我 每天 都 在 三 楼 阅览室 看 书。
　　　Zhèr shì xīn túshūguǎn. Wǒ měitiān dōu zài sān lóu yuèlǎnshì kàn shū.

铃木：新 图书馆 书 很 多 吧?
　　　Xīn túshūguǎn shū hěn duō ba?

李　：外文书 比较 多。还有 不少 音像 资料。
　　　Wàiwénshū bǐjiào duō. Háiyǒu bùshǎo yīnxiàng zīliào.

铃木：有 没有 日文 书?
　　　Yǒu méiyǒu Rìwén shū?

李　：有 啊。你 想 借 什么 书 吗?
　　　Yǒu a. Nǐ xiǎng jiè shénme shū ma?

铃木：今天 不 想 借。
　　　Jīntiān bù xiǎng jiè.

李　：今天 我 要 还 这 本 书。
　　　Jīntiān wǒ yào huán zhè běn shū.

🔴38

新出語句

这儿 zhèr	方	ここ
新 xīn	形	新しい
每天 měitiān	名	毎日
都 dōu	副	全部、みんな
在 zài	介	～で
楼 lóu	助数	～階
阅览室 yuèlǎnshì	名	閲覧室
外文 wàiwén	名	外国語
还 hái	副	さらに

少 shǎo	形	少ない
音像 yīnxiàng	名	音響と映像
资料 zīliào	名	資料
日文 Rìwén	名	日本語
借 jiè	動	借りる
要 yào	助動	～しなければならない
还 huán	動	返す
本 běn	助数	～冊（書籍に使用）

文法のポイント

1. 方位詞

　人や物が存在したり、行為や現象が発生する場所を表示する時には、どのような方位に当たるかを示す**方位詞**が使用されます。方位詞では"前""东"等の一音節方位詞に"边儿""面"等が付加されて二音節方位詞が構成され、「～側」「～の方」等が表現されます。

	边儿 bianr	面 mian
前 qián	前边儿 qiánbianr	前面 qiánmian
后 hòu	后边儿 hòubianr	后面 hòumian
左 zuǒ	左边儿 zuǒbianr	左面 zuǒmian
右 yòu	右边儿 yòubianr	右面 yòumian
上 shàng	上边儿 shàngbianr	上面 shàngmian
下 xià	下边儿 xiàbianr	下面 xiàmian
外 wài	外边儿 wàibianr	外面 wàimian
里 lǐ	里边儿 lǐbianr	里面 lǐmian
旁 páng	旁边儿 pángbianr	
东 dōng	东边儿 dōngbianr	东面 dōngmian
西 xī	西边儿 xībianr	西面 xīmian
南 nán	南边儿 nánbianr	南面 nánmian
北 běi	北边儿 běibianr	北面 běimian

2. 〈必要〉を示す助動詞 "要"

　ある行為の実現が必要であることを示す時、行為を表す語の前に助動詞 "要" が置かれます。意味は「～しなければならない」となります。否定形は "不用" となり、意味は「～する必要はない」となります。

　　A ＋ "要" ＋ B　　　AはBしなければならない。
　　人物等　　　行為

我们要努力学习。　　Wǒmen yào nǔlì xuéxí.
你要好好儿休息。　　Nǐ yào hǎohāor xiūxi.
他们不用去打工。　　Tāmen bú yòng qù dǎgōng.

3. 介詞 "在"

介詞 "在" は場所を示す語の前に置かれ、行為や現象が発生する地点の表示に用いられます。意味は「～で」となります。

　　A ＋ "在" ＋ B ＋ C　　　　AはBでCをする。
　人物等　　　　場所　行為

我在北京大学学习。　　Wǒ zài Běijīng Dàxué xuéxí.
他在食堂吃午饭。　　　Tā zài shítáng chī wǔfàn.
你在哪儿工作?　　　　Nǐ zài nǎr gōngzuò?

＊否定文の場合は、"不在" となって場所を示す単語の前に置かれ、行為を示す動詞がそれに続きます。

4. 助数詞

特定の物を指し示したり、その数量を表現する時には、指示代名詞や数詞と名詞との間に助数詞を置く必要があります。使用する助数詞の種類は、物の形状や性質によって異なります。

　　指示代名詞・数詞 ＋ 助数詞 ＋ 名詞

这个人　　zhè ge rén　　　两个书包　　liǎng ge shūbāo
那本书　　nà běn shū　　　三本词典　　sān běn cídiǎn

補充語句 〔39〕

努力 nǔlì 動 努力する	食堂 shítáng 名 食堂
好好儿 hǎohāor 副 しっかりと	午饭 wǔfàn 名 昼食
休息 xiūxi 動 休憩する	工作 gōngzuò 動 仕事をする
打工 dǎgōng 動 アルバイトをする	个 ge 助数 ～個
北京 Běijīng 名 北京	书包 shūbāo 名 カバン

単語帳⑤　　いろいろな助数詞

　　　　　　　　　　　用　　例

把 bǎ	一把椅子 yì bǎ yǐzi	两把伞 liǎng bǎ sǎn
杯 bēi	三杯茶 sān bēi chá	四杯酒 sì bēi jiǔ
枝 zhī	五枝笔 wǔ zhī bǐ	六枝烟 liù zhī yān
张 zhāng	七张报 qī zhāng bào	八张桌子 bā zhāng zhuōzi
条 tiáo	九条船 jiǔ tiáo chuán	十条鱼 shí tiáo yú

練　習

1　次の発音を聞いて漢字で書きなさい。　🔊40

(1) _____　　(2) _____

(3) _____　　(4) _____

(5) _____　　(6) _____

2　次の日本語の意味に合うように語句を並べ替えなさい。

(1) 私は図書館で本を読みます。
〔　看　　在　　我　　图书馆　　书　〕。

(2) 教学楼の東側に食堂があります。
〔　教学楼　　有　　的　　东边儿　　食堂　〕。

(3) 彼は3冊の本を持っています。
〔　有　　本　　他　　三　　书　〕。

3　次の文を中国語で書きなさい。

(1) 中国は日本の西側にあります。
_____

(2) 私は大学で中国語を勉強します。
_____

(3) 彼女はテキストを3冊買わなければなりません。
_____

(4) あなたはどこでご飯を食べますか？
_____

第 6 课 得意なスポーツは？

◎41

図書館の次に、鈴木君は体育館の見学を希望します。李君は、体育館で一緒に卓球をやろうと誘います。

学習目標 この課では、可能表現について学びます。日本語の「できる」に当たる単語は、中国語の場合は複数存在します。それぞれ使用する条件が異なるので、正しく使い分けできるよう練習します。また、自分の得意なスポーツは、相手との会話で適当な話題となるので、その言い方もしっかりと覚えましょう。

李　：左边儿 是 食堂，右边儿 是 体育馆。
　　　Zuǒbianr shì shítáng, yòubianr shì tǐyùguǎn.

铃木：我 想 先 去 体育馆。
　　　Wǒ xiǎng xiān qù tǐyùguǎn.

李　：那，我们 去 体育馆 打 乒乓球 吧。
　　　Nà, wǒmen qù tǐyùguǎn dǎ pīngpāngqiú ba.

铃木：我 不 会 打 乒乓球。你 可以 教教 我 吗?
　　　Wǒ bú huì dǎ pīngpángqiú. Nǐ kěyǐ jiāojiao wǒ ma?

李　：当然 可以。
　　　Dāngrán kěyǐ.

铃木：那 太 好 了。
　　　Nà tài hǎo le.

李　：你 平时 喜欢 什么 运动?
　　　Nǐ píngshí xǐhuan shénme yùndòng?

铃木：我 只 会 游泳，能 游 三 千 米。
　　　Wǒ zhǐ huì yóuyǒng, néng yóu sān qiān mǐ.

◎42

新出語句

左边儿 zuǒbianr	方	左の方
右边儿 yòubianr	方	右の方
体育馆 tǐyùguǎn	名	体育館
先 xiān	副	先に
打 dǎ	動	打つ
乒乓球 pīngpāngqiú	名	卓球
会 huì	助動	～できる
教 jiāo	動	教える

可以 kěyǐ	助動	～できる
当然 dāngrán	副	当然である
平时 píngshí	名	普段、いつも
运动 yùndòng	名	スポーツ
游泳 yóuyǒng	名	水泳
能 néng	助動	～できる
游 yóu	動	泳ぐ

文法のポイント

1.〈可能〉を示す助動詞 "会" "能" "可以"

助動詞の "会" と "能" は行為の可能を示し、意味は共に「～できる」となります。但し、それぞれの使用される条件は微妙に異なります。

A ＋ "会"（"能" "可以"）＋ B　　　AはBできる。
人物等　　　　　　　　　　　行為

"会" は本人の努力によって得られる能力の表示に用いられます。

他会说汉语。	Tā huì shuō Hànyǔ.
我不会开车。	Wǒ bú huì kāi chē.
他会喝酒吗?	Tā huì hē jiǔ ma?
你会不会打网球?	Nǐ huì bu huì dǎ wǎngqiú?

"能" "可以" は先天的な能力の表示に用いられます。または客観的な条件によって許可される行為の表示にも用いられますが、その場合は "可以" の方が多く用いられ、「～してもさしつかえない」が示されます。

我能游五百米。	Wǒ néng yóu wǔbǎimǐ.
在这儿不可以吸烟。	Zài zhèr bù kěyǐ xī yān.
今天你能不能上课?	Jīntiān nǐ néng bu néng shàngkè?

2. 連動文

1つの主語に対して複数の述語（動詞）が含まれた文体を**連動文**といいます。連動文の形式には、後の動詞が前の動詞の〈目的〉を表示するものがあり、前の動詞が後の動詞の〈手段〉を表示するものもあります。

A ＋ B ＋ C　　　AはBという手段でCをする。
（主語）（動詞①）（動詞②）　AはBを行い、それからCをする。

我去图书馆看书。	Wǒ qù túshūguǎn kàn shū.
他坐飞机去中国。	Tā zuò fēijī qù Zhōngguó.
我下午五点下课回家。	Wǒ xiàwǔ wǔdiǎn xiàkè huíjiā.
你来大学干什么?	Nǐ lái dàxué gàn shénme?

3. 動詞の重ね型

中国語には、同じ動詞を 2 回並べたり、その間に"一"を挟む形式があります。このような形式を**動詞の重ね型**といいます。

動詞の重ね型は、①時間の短い動作を行うことや②試みに動作を行うことを表現します。①の場合は「ちょっと～する」②の場合は「～してみる」と訳されます。

学习学习　　xuéxíxuexi　　　　休息休息　　xiūxixiuxi

看看　　kànkan　　　　　　　坐坐　　zuòzuo

你试一试这件衣服。　　Nǐ shìyishi zhè jiàn yīfu.

请让我想一想。　　Qǐng ràng wǒ xiǎngyixiang.

補充語句 43

说 shuō 動 話す	下午 xiàwǔ 名 午後
开车 kāichē 動 運転する	点 diǎn 助数 ～時
酒 jiǔ 名 酒	下课 xiàkè 動 授業が終わる
网球 wǎngqiú 名 テニス	回 huí 動 帰る、戻る
米 mǐ 助数 メートル	家 jiā 名 家
吸烟 xī yān 動 喫煙する	干 gàn 動 する
上课 shàngkè 動 授業に出席する	试 shì 動 試みる
飞机 fēijī 名 飛行機	让 ràng 動 ～に～させる

単語帳⑥　　スポーツ

棒球 bàngqiú　野球	足球 zúqiú　サッカー
篮球 lánqiú　バスケットボール	排球 páiqiú　バレーボール
网球 wǎngqiú　テニス	游泳 yóuyǒng　水泳
拳击 quánjī　ボクシング	摔跤 shuāijiāo　レスリング
滑雪 huáxuě　スキー	滑冰 huábīng　スケート
马拉松 mǎlāsōng　マラソン	羽毛球 yǔmáoqiú　バドミントン

第6課　得意なスポーツは？

練　習

1　次の発音を聞いて漢字で書きなさい。　🔘44

(1) _____　　(2) _____

(3) _____　　(4) _____

(5) _____　　(6) _____

2　次の日本語の意味に合うように語句を並べ替えなさい。

(1) あなたは英語を話せますか？
　　〔　会　你　说　不会　英语　〕。
(2) 私達はちょっと休まなければなりません。
　　〔　要　休息　我们　休息　〕。
(3) 私は図書館へ行って本を返します。
　　〔　书　去　我　还　图书馆　〕。

3　次の文を中国語で書きなさい。

(1) あなたは明日、私の家に来ることができますか？
_____

(2) 私はお酒が飲めません。
_____

(3) 彼女は来年、日本へ留学に来ます。
_____

(4) ここで食事をしても構いません。
_____

41

第 7 课

休憩

　　大学構内の見学を終えた鈴木君と李君は、売店の前でコーヒーを飲みながら、1日の疲れを癒します。李君は、自分達の授業の厳しさについて鈴木君に話し、2人は互いに勉強をがんばろうと決意するのでした。

学習目標　この課では、疑問文の形式として新たに選択疑問文が加えられます。使役文（「～せる」「～させる」）の作成についても学びます。また、範囲を示す副詞の使用法もしっかりと覚えましょう。

李　：你 喝 可乐 还是 喝 咖啡？
　　　Nǐ hē kělè háishi hē kāfēi?

铃木：我 喝 咖啡。
　　　Wǒ hē kāfēi.

李　：我 也 要 杯 咖啡 吧。
　　　Wǒ yě yào bēi kāfēi ba.

铃木：小 李，你们 的 英语 课 难 不 难？
　　　Xiǎo Lǐ, nǐmen de Yīngyǔ kè nán bu nán?

李　：很 难。老师 每天 都 让 我们 背 课文。
　　　Hěn nán. Lǎoshī měitiān dōu ràng wǒmen bèi kèwén.

铃木：是 吗？
　　　Shì ma?

李　：我 的 发音 不 好。老师 常 纠正 我。
　　　Wǒ de fāyīn bù hǎo. Lǎoshī cháng jiūzhèng wǒ.

铃木：我 也 要 努力 学习 汉语。小 李，今天 谢谢 你 啦。
　　　Wǒ yě yào nǔlì xuéxí Hànyǔ. Xiǎo Lǐ, jīntiān xièxie nǐ la.

李　：不 客气。铃木，你 也 加油！
　　　Bú kèqi. Língmù, nǐ yě jiāyóu!

新出語句

可乐 kělè 名 コーラ	常 cháng 副 しょっちゅう、よく
还是 háishi 接 それとも	纠正 jiūzhèng 動 正す、是正する
也 yě 副 ～も	谢谢 xièxie ありがとう
杯 bēi 助数 ～杯	啦 la 助 （感嘆を示す）
课 kè 名 授業	客气 kèqi 動 遠慮する
背 bèi 動 暗記する	不客气 bú kèqi お構いなく
课文 kèwén 名 テキストの本文	加油 jiāyóu がんばれ
发音 fāyīn 名 発音	

文法のポイント

1. 選択疑問文
中国語の疑問文には、2つの選択肢となる表現を提示し、どちらかを相手に選ばせるという形式もあります。このような疑問文を**選択疑問文**といいます。選択肢となる表現の間には"还是"が置かれ、意味は「～ですか？　それとも～ですか？」となります。

　　　A　＋　"还是"　＋　B　　　　AですかですかそれともBですか？
　　選択肢①　　　　　　　選択肢②

你吃水饺还是吃炒饭？　　Nǐ chī shuǐjiǎo háishi chī chǎofàn?
你去法国还是去德国？　　Nǐ qù Fǎguó háishi qù Déguó?
她是学生还是老师？　　　Tā shì xuésheng háishi lǎoshī?

＊選択疑問文の場合、文末に"吗"を付けてはいけません。
　　×"你吃中国菜还是日本菜吗？"

2. 副詞"也"と"都"
行為の実行者に主体も含まれる、または状況の内容に主体の条件も該当することを強調する場合には、主語と述語の間に副詞"也"が置かれます。意味は「～も」となります。

　　　A　＋　"也"　＋　B　　　　AもBをする（Bである）。

我也去体育馆。　　Wǒ yě qù tǐyùguǎn.
那也是手机。　　　Nà yě shì shǒujī.

また、主体の全てが共に同じ行為を実行したり、主体の全ての条件が内容に該当することを強調する場合には、"都"が置かれます。意味は「～はみんな」となります。

　　　A　＋　"都"　＋　B　　　　AはみんなBをする（Bである）。

我们都学习汉语。　　　Wǒmen dōu xuéxí Hànyǔ.
那些都是汉日词典。　　Nàxiē dōu shì HànRì cídiǎn.

3. 使役文

中国語の使役文では、行為をさせる相手を表す語の前に"让""叫""请"が置かれます。意味は、行為の内容を表す動詞と合わせて「～に～させる」となります。

A ＋ "让"（"叫""请"） ＋ B ＋ C　　　AはBにCをさせる。
人物等　　　　　　　　　　　相手　行為

老师让我们念课文。　　Lǎoshī ràng wǒmen niàn kèwén.
爸爸不让我喝酒。　　　Bàba bú ràng wǒ hē jiǔ.
哥哥叫我去买东西。　　Gēge jiào wǒ qù mǎi dōngxi.

補充語句　♪47

水饺 shuǐjiǎo 名 水餃子	念 niàn 動 読む
炒饭 chǎofàn 名 炒飯	哥哥 gēge 名 兄
德国 Déguó 名 ドイツ	叫 jiào 動 ～に～させる
手机 shǒujī 名 携帯電話	东西 dōngxi 名 物

単語帳⑦　　飲み物

牛奶 niúnǎi　ミルク	可可茶 kěkěchá　ココア
红茶 hóngchá　紅茶	花茶 huāchá　ジャスミン茶
桔子汁 júzizhī　オレンジジュース	干姜水 gānjiāngshuǐ　ジンジャエール
绍兴酒 shàoxīngjiǔ　紹興酒	茅台酒 máotáijiǔ　茅台酒
啤酒 píjiǔ　ビール	葡萄酒 pútaojiǔ　ワイン
威士忌 wēishìjì　ウィスキー	白兰地 báilándì　ブランデー

練　習

1　次の発音を聞いて漢字で書きなさい。　🔊48

(1) _____　　(2) _____

(3) _____　　(4) _____

(5) _____　　(6) _____

2　次の日本語の意味に合うように語句を並べ替えなさい。

(1) 私達も英語を学ばなくてはなりません。
〔　英語　要　我们　也　学习　〕。

(2) あなたは北京へ行きたいですか、それとも上海へ行きたいですか？
〔　上海　想　还是　你　去　北京　去　想　〕。

(3) お父さんは私に中国語を勉強させます。
〔　学习　让　爸爸　汉语　我　〕。

3　次の文を中国語で書きなさい。

(1) あなたは日本人ですか、それとも中国人ですか？
_____

(2) 今日は中国語の授業がありますか、それとも英語の授業がありますか？
_____

(3) 私も日本人です。私達は全員、日本の留学生です。
_____

(4) 王先生は私に彼の家へ行かせます。
_____

(5) お母さんは私に中国へ留学に行かせません。
_____

第8课 午後の計画

新しい学期が始まってから数日後。鈴木君と李君は、午後の計画について相談します。すると、大学構内の様子は概ね理解できたので、いよいよ北京の街へ買い物に出ることになりました。

学習目標 この課からは、新たにアスペクト表現が加わります。これにより、過去・現在・未来、どの時点で発生した出来事についても、表現が可能になります。しっかりと学びましょう。

李　：铃木，昨天 你 去 哪儿 了？
　　　Língmù, zuótiān nǐ qù nǎr le?

铃木：我 去 书城 买了 两 本 书。
　　　Wǒ qù shūchéng mǎile liǎng běn shū.

李　：电子 词典，运动衫 也 买 了 吗？
　　　Diànzǐ cídiǎn, yùndòngshān yě mǎi le ma?

铃木：有点儿 贵，没有 买。下午 你 能 不 能 陪 我 去 一 趟 商场？
　　　Yǒudiǎnr guì, méiyǒu mǎi. Xiàwǔ nǐ néng bu néng péi wǒ qù yí tàng shāngchǎng?

李　：可以。今天 下午 我 没有 课。
　　　Kěyǐ. Jīntiān xiàwǔ wǒ méiyǒu kè.

铃木：那，我们 俩 吃了 午饭 就 去 吧。
　　　Nà, wǒmen liǎ chīle wǔfàn jiù qù ba.

李　：好。一 点 半 我 在 宿舍 门口 等 你。
　　　Hǎo. Yì diǎn bàn wǒ zài sùshè ménkǒu děng nǐ.

新出語句

昨天 zuótiān 名 昨日	趟 tàng 助数 〜回（往復）
哪儿 nǎr 代 どこ	商场 shāngchǎng 名 マーケット
书城 shūchéng 名 大型書店	俩 liǎ 数 2人
两 liǎng 数 2つ	宿舍 sùshè 名 寮
电子 diànzǐ 名 電子	就 jiù 副 〜するとすぐ〜
运动衫 yùndòngshān 名 スポーツシャツ	半 bàn 数 30分
〜了 ~le 助 〜した	门口 ménkǒu 名 玄関口
有点儿 yǒudiǎnr 副 少し〜	等 děng 動 待つ
贵 guì 形 高価である	

第 8 课　午後の計画

文法のポイント

1. アスペクト表現①〈完了〉〈実現〉を示す"～了"

　アスペクト表現とは、行為や現象を表す動詞の前後に他の要素を配することにより、それらの行為や現象が時間的にどの段階で発生したのかを示す表現です。

　アスペクト助詞"了"は、動詞の後に置かれて〈完了〉や〈実現〉を示します。意味は「～した」となります。

$$A\ +\ B\ +\ "了"\ +\ C \qquad AはCをBした。$$
　　（人物等）（動詞）　　　　　（目的語）

　　我吃了两个面包。　　Wǒ chīle liǎng ge miànbāo.
　　姐姐买了一条围巾。　Jiějie mǎile yì tiáo wéijīn.
　　你们花了多少钱？　　Nǐmen huāle duōshao qián?

＊否定文の場合は、動詞の前に"没（有）"を置きます。"了"は使用しません。
　　我还没（有）吃饭。　　×我还没吃饭了。

2. 時間の表現②曜日、時間帯

(1) 曜日

　　星期一 xīngqīyī（月曜日）　　星期二 xīngqī'èr（火曜日）　　星期三 xīngqīsān（水曜日）
　　星期四 xīngqīsì（木曜日）　　星期五 xīngqīwǔ（金曜日）　　星期六 xīngqīliù（土曜日）
　　星期天 xīngqītiān（日曜日）　 星期日 xīngqīrì（日曜日）
　　上个星期 shàng ge xīngqī（先週）　　这个星期 zhè ge xīngqī（今週）
　　下个星期 xià ge xīngqī（来週）

(2) 時間帯

　　上午 shàngwǔ（午前）　　中午 zhōngwǔ（正午）　　下午 xiàwǔ（午後）
　　早上 zǎoshang（朝）　　 晚上 wǎnshang（夕方、夜）

　　我星期五有汉语课。　　Wǒ xīngqīwǔ yǒu Hànyǔkè.

3. 主述述語文

　中国語には、述語の部分が更に〔主語＋述語〕によって構成された文体もあります。このような文体を主述述語文といいます。

$$A\ +\ \{\ B〈主語〉\ +\ C〈述語〉\ \} \qquad AはBがCである。$$
　（主語）　　　　（述語）

　　今天天气很好。　　Jīntiān tiānqì hěn hǎo.

我学习很忙。　　　Wǒ xuéxí hěn máng.
他身体不舒服。　　Tā shēntǐ bù shūfu.

4. "有点儿" と "一点儿"
"有点儿" と "一点儿" は、形容詞の前部や後部に置かれて「少し〜である」という表現を構成します。但し、それぞれの形容詞との位置関係は異なるので、注意が必要です。

"有点儿" ＋ A ／ A ＋ "一点儿"　　少しAである。
　　　　　　（形容詞）　（形容詞）

有点儿大 yǒudiǎnr dà　　　　大一点儿 dà yìdiǎnr
有点儿贵 yǒudiǎnr guì　　　　贵一点儿 guì yìdiǎnr

他身体有点儿不舒服。　　Tā shēntǐ yǒudiǎnr bù shūfu.

補充語句 ⓪51

面包 miànbāo 名 パン	多少 duōshao 代 幾つ
姐姐 jiějie 名 姉	钱 qián 名 お金
条 tiáo 助数 〜本	舒服 shūfu 形 気持ちが良い
围巾 wéijīn 名 マフラー	一点儿 yìdiǎnr 数量 少し
花 huā 動 費やす	

単語帳⑧　　通貨

中国の通貨；人民币 rénmínbì（人民元）

　　書き言葉　　　話し言葉
　　元 yuán　　　　块 kuài
　　角 jiǎo　　　　毛 máo　　　一块 yíkuài ＝十毛 shímáo
　　分 fēn　　　　分 fēn　　　一毛 yìmáo ＝十分 shífēn

その他の国々の通貨；
　　日元 rìyuán（日本円）　　　美元 měiyuán（米ドル）
　　英镑 yīngbàng（英ポンド）　欧元 ōuyuán（欧州ユーロ）

練　習

1　次の発音を聞いて漢字で書きなさい。　🔊52

(1) _____　　(2) _____

(3) _____　　(4) _____

(5) _____　　(6) _____

2　次の日本語の意味に合うように語句を並べ替えなさい。

(1) 北京は夏がとても暑いです。
　　　〔　热　　夏天　　北京　　很　　〕。
(2) 今日は少し寒いです。
　　　〔　有点儿　　今天　　冷　　〕。
(3) 私は一杯のお茶を飲みました。
　　　〔　茶　　喝　　我　　一杯　　了　　〕。

3　次の文を中国語で書きなさい。

(1) 私は1本のペンを買いました。
　　_____

(2) 彼は2杯のコーヒーを飲みました。
　　_____

(3) 彼女は図書館へ行っていません。
　　_____

(4) 私達の大学は中国の留学生が非常に多いです。
　　_____

(5) このパンは（値段が）少し高いです。
　　_____

第9课 街へ出発

王府井大通りに到着した鈴木君は、あまりの賑やかさに驚かされます。李君による街の紹介が終わった後、2人は買い物を開始します。

学習目標 この課では、〈経験〉を示すアスペクト表現、状況の変化や事態の出現を示す表現について学びます。また、回数を示す動量補語も習得し、過去に発生した事柄も正確に表現できるよう練習します。

李　：这儿 是 王府井 大街。
　　　Zhèr shì Wángfǔjǐng dàjiē.

铃木：汽车 很 多！人 也 这么 多！好 热闹 啊！
　　　Qìchē hěn duō! Rén yě zhème duō! Hǎo rènao a!

　　　你 看，那 座 大楼 是 什么？
　　　Nǐ kàn, nà zuò dàlóu shì shénme?

李　：是 剧场。可以 看 京剧。
　　　Shì jùchǎng. Kěyǐ kàn Jīngjù.

铃木：你 看过 京剧 吗？
　　　Nǐ kànguo Jīngjù ma?

李　：我 看过 三 次。京剧 可 有 意思 了。
　　　Wǒ kànguo sān cì. Jīngjù kě yǒu yìsi le.

铃木：噢，已经 两 点 了。我们 去 哪儿 买 东西？
　　　Ō, yǐjīng liǎng diǎn le. Wǒmen qù nǎr mǎi dōngxi?

李　：这 家 店 东西 又 好 又 便宜，我 常 来。
　　　Zhè jiā diàn dōngxi yòu hǎo yòu piányi, wǒ cháng lái.

新出語句

王府井大街 Wángfǔjǐng dàjiē 名　王府井大通り
真 zhēn 副　実に、本当に
这么 zhème 代　こんなに
热闹 rènao 形　賑やか
座 zuò 助数　（山や建物に使用）
大楼 dàlóu 名　ビル
剧场 jùchǎng 名　劇場
京剧 Jīngjù 名　京劇

过 guo 助　〜したことがある
次 cì 助数　〜回
可 kě 副　全く、本当に
有意思 yǒuyìsi 面白い
噢 ō 感　ああ
已经 yǐjīng 副　既に
家 jiā 助数　（店・家庭等に使用）
店 diàn 名　商店
便宜 piányi 形　安い

第 9 课　街へ出発

文法のポイント

1. アスペクト表現②〈経験〉を示す"～过"
行為や現象が既に経験されたものであることを示す時、それを表す動詞の後に"过"が置かれます。意味は「～したことがある」となります。

　　　　A　＋　B　＋　"过"　　　　AはBをしたことがある。
　　　人物等　　（動詞）

我去过北京。　　　Wǒ qùguo Běijīng.
他学过法语。　　　Tā xuéguo Fǎyǔ.

＊　"～过"の否定形は"没～过"となります。

她没吃过韩国菜。　　　Tā méi chīguo Hánguócài.
你看过中国电影没有？　　　Nǐ kànguo Zhōngguó diànyǐng méiyǒu?

2. 動量補語
行為の回数を示す場合、その行為を表す動詞の後に回数を示す表現が補足されます。このような表現を動量補語といいます。

基本的な語順では、動量補語は動詞の目的語の前に置かれます。但し、目的語が名詞の場合は、その前に置かれますが、目的語が代名詞の場合は後に置かれます。目的語が人名や地名の場合は、そのどちらに置くことも可能です。

我坐过三次飞机。　　　Wǒ zuòguo sān cì fēijī.
我见过他两次。　　　Wǒ jiànguo tā liǎng cì.
他去过中国三次。　　　Tā qùguo Zhōngguó sān cì.

3. 時間の表現③時刻

点 diǎn（～時）　　分 fēn（～分）　　秒 miǎo（～秒）

1：02　一点零二分 yì diǎn líng èr fēn
2：15　两点十五分 liǎng diǎn shíwǔ fēn
　　　两点一刻 liǎng diǎn yí kè
3：24　三点二十四分 sān diǎn èrshisì fēn
4：30　四点三十分 sì diǎn sānshí fēn
　　　四点半 sì diǎn bàn
5：45　五点四十五分 wǔ diǎn sìshiwǔ fēn
　　　五点三刻 wǔ diǎn sān kè
　　　六点差一刻 liù diǎn chà yí kè
　　　差一刻六点 chà yí kè liù diǎn

51

＊ "刻"は 4 分の 1 を意味し、"一刻"は「60 分」の 4 分の 1 に当たる「15 分」を意味します。
＊ "差"は「不足」を意味するので、時刻の表現では「〜分前」に当たります。

4. 変化を示す "了"

状況が変化したり新しい事態が出現したことを表現する時、それを表す部分の後に助詞 "了" が置かれます。意味は「〜になった」となります。

$$A \ + \ B \ + \ "了" \qquad A は B になった。$$

我今年二十岁了。　　Wǒ jīnnián èrshí suì le.
他是大学生了。　　　Tā shì dàxuéshēng le.
现在八点了。　　　　Xiànzài bādiǎn le.

補充語句 🔊55

法语 Fǎyǔ　名　フランス語　　　见 jiàn　動　会う
韩国 Hánguó　名　韓国　　　　　今年 jīnnián　名　今年
菜 cài　名　料理　　　　　　　　岁 suì　助数　〜歳
电影 diànyǐng　名　映画

単語帳⑨　　街の建造物

百货公司 bǎihuògōngsī　デパート　　　饭店 fàndiàn　ホテル
餐厅 cāntīng　レストラン　　　　　　电影院 diànyǐngyuàn　映画館
银行 yínháng　銀行　　　　　　　　　邮局 yóujú　郵便局
书店 shūdiàn　書店　　　　　　　　　车站 chēzhàn　駅

練　習

1　次の発音を聞いて漢字で書きなさい。　🔊56

(1) _____　　(2) _____

(3) _____　　(4) _____

(5) _____　　(6) _____

2　次の日本語の意味に合うように語句を並べ替えなさい。

(1) 私は中国へ行ったことがあります。
　　〔　去　中国　我　过　〕。
(2) 彼は日本料理を食べたことがありません。
　　〔　过　没　日本菜　他　吃　〕。
(3) 今、3時半になりました。
　　〔　了　三　半　現在　点　〕。

3　次の文を中国語で書きなさい。
(1) 私は香港へ2回行ったことがあります。
　　_____

(2) 彼は中国語を学んだことがありません。
　　_____

(3) あなたは京劇を観たことがありますか？
　　_____

(4) 今、2時15分前になりました。
　　_____

(5) 私は上海で買い物をします。
　　_____

第10课 買い物をする

鈴木君は、ショッピングセンターで買い物をすることにしました。時間が遅かったせいか、店の中は買い物客でいっぱいです。中国語での買い物に慣れていない鈴木君は、李君の援助を受けながら、品物を選ぶのでした。

学習目標 この課では、数量を尋ねる疑問文の作成について学びます。また、〈進行〉を示すアスペクト表現、様子や程度を示す様態補語についても学び、現在の状況を正しく表現できるよう練習します。値段の尋ね方等、買い物に使う表現も大事です。これらの表現は、中国滞在中には確実に必要となるので、しっかりと覚えましょう。

鈴木：现在 三 点 钟。买 东西 的 人 特别 多。
Xiànzài sān diǎn zhōng. Mǎi dōngxi de rén tèbié duō.

李　：我们 来得 有点儿 晚。铃木，你 要 买 什么？
Wǒmen láide yǒudiǎnr wǎn. Língmù, nǐ yào mǎi shénme?

鈴木：我 在 找 运动衫。
Wǒ zài zhǎo yùndòngshān.

李　：运动衫 在 那边儿。售货员，这 件 运动衫 多少 钱？
Yùndòngshān zài nàbianr. Shòuhuòyuán, zhè jiàn yùndòngshān duōshao qián?

售货员：三十五 块 钱。
Sānshiwǔ kuài qián.

鈴木：小 李，三十五 块，贵 不 贵？
Xiǎo Lǐ, sānshiwǔ kuài, guì bu guì?

李　：不 贵。你 要 几 件？
Bú guì. Nǐ yào jǐ jiàn?

鈴木：我 要 两 件。
Wǒ yào liǎng jiàn.

售货员：一共 七十 块。
Yígòng qīshí kuài.

新出語句

现在 xiànzài [名] 今、現在
～点钟 ~diǎnzhōng [助数] ～時
特别 tèbié [副] 特に
得 de [助] （補語を導く）
晚 wǎn [形] 遅い

在 zài [副] ～している
找 zhǎo [動] 探す
售货员 shòuhuòyuán [名] 販売員
件 jiàn [助数] ～着
块钱 kuàiqián [助数] ～元

文法のポイント

1. 様態補語

行為や現象の様子や程度を表現する時には、行為や現象を表す動詞の後に"得"が置かれ、その後に様子や程度について説明された表現が補足されます。そのような表現を**様態補語**といいます。

A　　+　　"得"　　+　　B　　　　Aの様子や程度はBである。
(動詞)　　　　　　　　(形容詞／様態補語)

他跑得很快。　　Tā pǎode hěn kuài.
老师教得很好。　Lǎoshī jiāode hěn hǎo.

否定文の場合は、"得"と形容詞の間に"不"が置かれます。
他跑得不快。　　Tā pǎode bú kuài.
老师教得不好。　Lǎoshī jiāode bù hǎo.

文中に目的語が入る場合には、動詞は繰り返して使用されます。
他说汉语说得很流利。　　Tā shuō Hànyǔ shuōde hěn liúlì.
她唱歌儿唱得很好。　　　Tā chàng gēr chàngde hěn hǎo.

2. アスペクト表現③〈進行〉を示す"在～"

行為や現象が進行中であることを示す時、それを表す動詞の前に副詞"在"が置かれます。意味は「～している」となります。

A　　+　　"(正)在"　　+　　B　　　　AはBをしている。
人物等　　　　　　　　　　(動詞)

他在写作业。　Tā zài xiě zuòyè.
她在看书。　　Tā zài kàn shū.
妈妈在做饭。　Māma zài zuò fàn.

3. 数量を尋ねる疑問代名詞"几""多少"

物の数量を相手に尋ねる疑問文「いくつですか？」には、疑問代名詞"几"または"多少"が用いられます。想定される数値が1～10程度である場合には"几"が用いられます。その時には、後に助数詞が付けられます。また、数値が無限大である場合には"多少"が用いられます。

你有几件衣服?　　Nǐ yǒu jǐ jiàn yīfu?
你家有几口人?　　Nǐ jiā yǒu jǐ kǒu rén?

你们大学有多少学生？　　Nǐmen dàxué yǒu duōshao xuésheng?
你的电话号码是多少？　　Nǐ de diànhuàhàomǎ shì duōshao?

4. 名詞述語文

中国語の文体には、名詞が述語の部分に置かれる形式もあり、その場合の文型は ｛〔主語〕＋〔述語／名詞〕｝ となります。このような文体を**名詞述語文**といいます。意味は「～は～である」となります。

　　　A　＋　B　　　AはBである。
　　（主語）　（述語／名詞）

今天星期三。　　Jīntiān xīngqīsān.
我二十一岁。　　Wǒ èrshiyī suì.

＊名詞述語文の否定形では、"是"は省略できません。
○"今天不是星期三。"　　×"今天不星期三。"

補充語句 🎵59

跑 pǎo 動 走る　　　　　作业 zuòyè 名 宿題
快 kuài 形 速い　　　　做 zuò 動 する、やる
流利 liúlì 形 流暢　　　几 jǐ 数 幾つ
唱 chàng 動 歌う　　　　口 kǒu 助数 （家族の人数に使用）
歌儿 gēr 名 歌

単語帳⑩　　衣料品

毛衣 máoyī　セーター　　　　大衣 dàyī　オーバーコート
裤子 kùzi　ズボン　　　　　　裙子 qúnzi　スカート
衬衫 chènshān　ワイシャツ　　睡衣 shuìyī　パジャマ
袜子 wàzi　靴下　　　　　　　领带 lǐngdài　ネクタイ

練　習

1 次の発音を聞いて漢字で書きなさい。　🔊60

(1) _____　　(2) _____

(3) _____　　(4) _____

(5) _____　　(6) _____

2 次の日本語の意味に合うように語句を並べ替えなさい。

(1) 私はご飯を食べているところです。
　　〔　在　饭　我　吃　〕。

(2) あなたは何本の傘を持っていますか？
　　〔　有　伞　你　几　把　〕？

(3) 彼は卓球がとても上手です。
　　〔　好　打　他　很　乒乓球　得　打　〕。

3 次の文を中国語で書きなさい。

(1) あなた達のクラスには、何人の外国の留学生がいますか？
_____

(2) 今日は木曜日です。明日は日曜日ではありません。（名詞述語文で）
_____

(3) あなたは何メートル泳ぐことができますか？
_____

(4) あの自動車は走るのがとても速いです。
_____

第11课

天安門広場

　ある休日。鈴木君は、やっと念願の天安門広場に立つことになりました。幅広い道路の向こう側には、天安門の望楼が建っています。それをくぐると、鈴木君が長い間あこがれていた故宮博物院があるのです。

学習目標　この課では、動詞の結果を示す結果補語、〈持続〉を示すアスペクト表現について学び、行為や状態が発生してからの時間の経過も文中で表現できるよう練習します。また、語順の複雑な二重目的語文の作成についても練習します。

李　　：这儿 就 是 有名 的 天安门 广场。给 你 地图。
　　　　Zhèr jiù shì yǒumíng de Tiān'ānmén Guǎngchǎng. Gěi nǐ dìtú.

铃木：谢谢。还是 你 给 我 介绍 一下 吧。
　　　　Xièxie. Háishi nǐ gěi wǒ jièshào yíxià ba.

李　　：前边儿 的 那 座 城楼，看见 了 吗？叫 天安门。
　　　　Qiánbianr de nà zuò chénglóu, kànjiàn le ma? Jiào Tiān'ānmén.

铃木：啊，看到 了。上边儿 挂着 大 红 灯笼。右边儿 的 建筑 是 什么？
　　　　A, kàndào le. Shàngbianr guàzhe dà hóng dēnglong. Yòubianr de jiànzhù shì shénme?

李　　：是 人民 大会堂。
　　　　Shì Rénmín dàhuìtáng.

铃木：从 这儿 到 故宫 博物院 远 不 远？
　　　　Cóng zhèr dào Gùgōng Bówùyuàn yuǎn bu yuǎn?

李　　：不 远。故宫 就 在 天安门 城楼 后面儿。
　　　　Bù yuǎn. Gùgōng jiù zài Tiān'ānmén chénglóu hòumianr.

铃木：我 对 中国 的 文化 很 有 兴趣。进去 参观 参观 吧。
　　　　Wǒ duì Zhōngguó de wénhuà hěn yǒu xìngqù. Jìnqu cānguān cānguān ba.

李　　：现在 九 点 半。已经 开 馆 了。
　　　　Xiànzài jiǔ diǎn bàn. Yǐjīng kāi guǎn le.

新出語句

就是 jiùshì 〜こそ〜だ	还是 háishi 副 やはり
有名 yǒumíng 形 有名	介绍 jièshào 動 紹介する
天安门 Tiān'ānmén 名 天安門	一下 yíxià ちょっと
广场 guǎngchǎng 名 広場	前边儿 qiánbianr 方 前の方
给 gěi 動 与える 介 〜に（対して）	城楼 chénglóu 名 望楼
地图 dìtú 名 地図	到 dào 動 到る（補語を導く）

第 11 课　天安門広場

上边儿 shàngbianr　方　上の方
挂 guà　動　吊る
着 zhe　助　～している
红 hóng　形　赤い
灯笼 dēnglong　名　灯籠
建筑 jiànzhù　名　建造物
人民大会堂 Rénmín dàhuìtáng　名　人民大会堂
从 cóng　介　～から
到 dào　介　～まで
故宫博物院 Gùgōng bówùyuàn　名　故宫博物院
远 yuǎn　形　遠い
后面儿 hòumianr　方　後ろ
对 duì　介　～に対して
文化 wénhuà　名　文化
兴趣 xìngqù　名　興味
进 jìn　動　入る
开馆 kāi guǎn　動　開館する

文法のポイント

1. 結果補語

　行為を表す動詞の後には、その結果を補足説明する動詞または形容詞が置かれることがあります。そのような語を**結果補語**といいます。

結果補語	表示内容	用　　例	
完 wán	完了する	看完 kànwán	吃完 chīwán
到 dào	到達する	想到 xiǎngdào	找到 zhǎodào
懂 dǒng	分かる	看懂 kàndǒng	听懂 tīngdǒng
好 hǎo	達成する	学好 xuéhǎo	做好 zuòhǎo
错 cuò	間違える	说错 shuōcuò	写错 xiěcuò
晚 wǎn	遅れる	来晚 láiwǎn	

我要学好汉语。　　　Wǒ yào xuéhǎo Hànyǔ.
他没有做完作业。　　Tā méiyǒu zuòwán zuòyè.
那本小说你看完了吗?　Nà běn xiǎoshuō nǐ kànwán le ma?

2. 二重目的語文

1つの動詞に対して2つの目的語が掲示された文体を**二重目的語文**といいます。先に置かれた目的語は行為の対象となる人物等に当たり、〈間接目的語〉と呼ばれて「～に（対して）」と訳されます。後に置かれた目的語は行為の手段や道具等に当たり、〈直接目的語〉と呼ばれて「～を」と訳されます。

   A ＋ B ＋ C ＋ D   AはCに対してDをBする。
     行為 〈間接目的語〉〈直接目的語〉

她给我一张电影票。 Tā gěi wǒ yì zhāng diànyǐng piào.
王老师教我们汉语。 Wáng lǎoshī jiāo wǒmen Hànyǔ.
妈妈送我一件衣服。 Māma sòng wǒ yí jiàn yīfu.

3. アスペクト表現④ 〈持続〉を示す"～着"

行為や現象が以前から持続されていることを示す時、それを表す動詞の後に助詞"着"が置かれます。意味は「～している（してある）」となります。

   A ＋ B ＋ "着"   AはBをしている。
   人物等 （動詞）

门开着。 Mén kāizhe.
桌子上放着三个杯子。 Zhuōzishang fàngzhe sān ge bēizi.
黑板上写着很多汉字。 Hēibǎnshang xiězhe hěn duō Hànzì.

4. 介詞"给"

行為の対象となる相手を文中に掲示する場合、相手を示す語の前に介詞"给"が置かれます。意味は「～に（対して）」となります。

   A ＋ "给" ＋ B ＋ C   AはBに（対して）Cをする。
   人物等   相手 行為

我给朋友打电话。 Wǒ gěi péngyou dǎ diànhuà.
她给李老师写信。 Tā gěi Lǐ lǎoshī xiě xìn.
妈妈给我买包子。 Māma gěi wǒ mǎi bāozi.

5. 介詞"从"と"到"

行為や現象の発生について表現する時、発生の〈始まり〉に当たる場所や時間を掲示する場合には、それを表す語の前に"从"が置かれます。意味は「～から」となります。

   "从" ＋ A ＋ B   AからBをする（Bが始まる）。
    〈始まり〉 行為・現象

我们从成田机场出发。　　Wǒmen cóng Chéngtián jīchǎng chūfā.
他们从九点开始上课。　　Tāmen cóng jiǔ diǎn kāishǐ shàngkè.

場所または時間の範囲を掲示する時には、〈始まり〉に当たる語の前に"从"、〈終わり〉に当たる語の前に"到"が置かれます。"到"は「～まで」を意味し、"从～到～"によって「～から～まで」が表現されます。

"从" ＋ A ＋ "到" ＋ B 　　　AからBまで
　　　　〈始まり〉　　　　〈終わり〉

从我家到学校不远。　　Cóng wǒ jiā dào xuéxiào bù yuǎn.
从星期一到星期六我都有课。　　Cóng xīngqīyī dào xīngqīliù wǒ dōu yǒu kè.

補充語句　63

小说 xiǎoshuō 名 小説	汉字 Hànzì 名 漢字
张 zhāng 助数 ～枚	电话 diànhuà 名 電話
票 piào 名 チケット	写 xiě 動 書く
送 sòng 動 送る	信 xìn 名 手紙
桌子 zhuōzi 名 机、テーブル	妈妈 māma 名 お母さん
放 fàng 動 置く	包子 bāozi 名 饅頭
杯子 bēizi 名 コップ	机场 jīchǎng 名 空港、飛行場
黑板 hēibǎn 名 黒板	出发 chūfā 動 出発する

単語帳⑪　　主な伝統的祝祭日

1月1日	元旦	Yuándàn
旧暦1月1日	春节（旧正月）	Chūnjié
旧暦1月15日	元宵节	Yuánxiāojié
旧暦3月	清明节	Qīngmíngjié
旧暦5月5日	端午节（端午の節句）	Duānwǔjié
旧暦7月7日	七夕	Qīxī
旧暦8月15日	中秋节	Zhōngqiūjié

練　習

1 次の発音を聞いて漢字で書きなさい。　🔊64

(1) _____　　(2) _____

(3) _____　　(4) _____

(5) _____　　(6) _____

2 次の日本語の意味に合うように語句を並べ替えなさい。

(1) 彼はご飯を食べ終わりました。
　　　〔　完　吃　了　他　饭　〕。
(2) 彼女は本を読んでいます。
　　　〔　看　书　她　着　〕。
(3) 私の家から学校までは非常に近いです。
　　　〔　近　家　到　我　很　从　学校　〕。

3 次の文を中国語で書きなさい。

(1) 先生が話す中国語を私は聞いて分かりました。
　　_____

(2) 今日の宿題を彼は書き終わりました。
　　_____

(3) 彼女は1着のオーバーコートを着ています。　　着る＝穿 chuān
　　_____

(4) 私は中国の映画に興味があります。
　　_____

(5) 私は午前10時から午後5時まで学校にいます。
　　_____

中国語会話のきまり文句

　中国語の日常会話では、「新出語句」や「補充語句」で挙げたもの以外にも、様々なきまり文句が使用されます。見てみましょう。

1. ちょっとした表現

　まずは、挨拶言葉です。相手に挨拶言葉をかける場合も、時期やタイミングによって、いろいろな表現が使用されます。

欢迎光临。	Huānyíng guānglín.	いらっしゃいませ。
初次见面。	Chūcì jiànmiàn.	初めまして。
好久不见了。	Hǎojiǔ bú jiàn le.	お久しぶりです。
新年好。	Xīnnián hǎo.	明けましておめでとう。

　次は返事です。相手の質問に対して返答する場合にも、いろいろな表現が使用されます。はっきりとしない自分の曖昧な気持ちを伝える言い方も知っておくと便利です。

真的吗?	Zhēn de ma?	本当ですか?
没错。	Méi cuò.	そのとおりです。
不要紧。	Bú yào jǐn.	大丈夫です。
还可以。	Hái kěyǐ.	まあまあです。

　ひと仕事終わった人を褒める時には、次のように声をかけましょう。

辛苦了。	Xīnkǔ le.	ごくろうさま。

2. 四字成句

　中国語の日常会話では、四字成句（"成语"）が文中で使用されることもあります。歴史的故事が題材となったものも多く、日本でも正式な文章で度々用いられます。

四面楚歌	sì miàn chǔ gē
卧薪尝胆	wò xīn cháng dǎn
吴越同舟	Wú Yuè tóng zhōu

　四字成句には、個人や社会の進展のために実行すべき行為を表現したものがあります。

温故知新	wēn gù zhī xīn
趁热打铁	chèn rè dǎ tiě

　また、これとは逆に、避けるべき行為を表現したものもあります。

画蛇添足	huà shé tiān zú
刻舟求剑	kè zhōu qiú jiàn
守株待兔	shǒu zhū dài tù

　日本と中国の関係は、それぞれの位置から次のように表現されることがあります。

一衣带水	yī yī dài shuǐ

第12课 故宫博物院

🎵65

　　天安門広場の雄大な風景に満足した鈴木君は、次に故宮博物院へと向かいます。天安門、午門、太和門をくぐり、きらびやかな太和殿の前に立ち、北京滞在中にはこの他の名勝旧跡も続けて見学しようと誓うのでした。

学習目標 この課では、動詞の方向性を示す方向補語について学び、行為に使用する事物が明示された処置文の作成を練習します。また、北京の有名な名勝旧跡も覚えましょう。

李　：这 是 太和门。从 这儿 进去 吧。
　　　Zhè shì Tàihémén. Cóng zhèr jìnqu ba.

铃木：太和殿 好 漂亮 啊！
　　　Tàihédiàn hǎo piàoliang a!

李　：你 把 数码 相机 带来 了 吗?
　　　Nǐ bǎ shùmǎ xiàngjī dàilai le ma?

铃木：当然 带来 了。
　　　Dāngrán dàilai le.

李　：我 给 你 拍 张 纪念照 吧。来，茄——子。
　　　Wǒ gěi nǐ pāi zhāng jìniànzhào ba. Lái, qié——zi.

铃木：谢谢。
　　　Xièxie.

李　：北京 名胜 古迹 很 多。你 应该 多 出去 看看。
　　　Běijīng míngshèng gǔjì hěn duō. Nǐ yīnggāi duō chūqu kànkan.

铃木：对。我 会 的。
　　　Duì. Wǒ huì de.

🎵66

新出語句

太和门 Tàihémén [名] 太和門
太和殿 Tàihédiàn [名] 太和殿
漂亮 piàoliang [形] 美しい
把 bǎ [介] ～を
带 dài [動] 持つ、身に付ける
拍 pāi [動] (写真を) 撮る

纪念 jìniàn [名] 記念
照（片）zhào(piàn) [名] 写真
茄子 qiézi [名] ナス
名胜古迹 míngshèng gǔjì [名] 名勝旧跡
应该 yīnggāi [助動] ～すべきである

文法のポイント

1. 方向補語

　行為がどのような方向に進んでいくかを示す時には、その行為を表す動詞の後に方向性について説明された表現が補足されます。このような表現を**方向補語**といいます。方向補語には、1音節から成る**単純方向補語**、それらを組み合わせて構成された**複合方向補語**があります。

　単純方向補語には、移動を示す"上""下""进""出""过""回""起"、方向を示す"来""去"があります。
　　他回去了。　　　Tā huíqu le.
　　老师进来了。　　Lǎoshī jìnlai le.

　目的語が場所を表す場合、その目的語は"来""去"の前に置かれます。
　　他回家去了。　　　Tā huí jiā qu le.
　　老师进教室来了。　Lǎoshī jìn jiàoshì lai le.

　目的語が一般事物を表す場合、その目的語は方向補語"来""去"の後に置かれます。但し、内容がまだ実現されていない場合には、目的語は"来""去"の前に置かれます。
　　姐姐买来很多东西。　Jiějie mǎilai hěn duō dōngxi.
　　我没有带雨伞来。　　Wǒ méiyǒu dài yǔsǎn lai.

　複合方向補語は、単純方向補語である"上""下""进""出"…と"来"または"去"を組み合わせて構成され、動詞の後に置かれます。複合方向補語には、次の13種類のものがあります。

	上	下	进	出	过	回	起
来	上来	下来	进来	出来	过来	回来	起来
去	上去	下去	进去	出去	过去	回去	

　　他从教室里走出来了。　Tā cóng jiàoshì li zǒuchūlai le.
　　她从楼上跑下来了。　　Tā cóng lóushàng pǎoxiàlai le.

2. 処置文 "把～"

物を使用して何かを行うことを表現する時には、物を表す語の前に介詞 "把" が置かれ、その後に行為の内容を表す部分が続きます。意味は「～を」となります。このような文体を処置文といいます。

   A + "把" + B + C   AはBをCする。
  人物等   物   行為

我把作业做完了。 Wǒ bǎ zuòyè zuòwán le.
他还没把那本书看完。 Tā hái méi bǎ nà běn shū kànwán.
请把门关上。 Qǐng bǎ mén guānshàng.

3. 〈当然〉を示す助動詞 "应该"

行為が実現すべき内容であることを表現する時、それを表す部分の前に助動詞 "应该" が置かれます。意味は「～すべきである」となります。否定形は "不应该" となり、意味は「～すべきではない」となります。

   A + "应该" + B   AはBをすべきである。
  人物等   行為

你应该给她打电话。 Nǐ yīnggāi gěi tā dǎ diànhuà.
你不应该喝酒。 Nǐ bù yīnggāi hē jiǔ.

補充語句 🎧67

雨伞 yǔsǎn [名] 傘   楼上 lóushàng [名] 階上
教室 jiàoshì [名] 教室 关上 guānshàng [動] 閉める
里 lǐ [方] ～の中

単語帳⑫ 北京の主な名勝旧跡

万里长城 Wànlǐ Chángchéng 万里の長城
天坛公园 Tiāntán Gōngyuán 天壇公園
颐和园 Yíhéyuán 頤和園
十三陵 Shísānlíng 明の十三陵
圆明园 Yuánmíngyuán 円明園
北海公园 Běihǎi Gōngyuán 北海公園

練　習

1　次の発音を聞いて漢字で書きなさい。　🔊68

(1) _____　　(2) _____

(3) _____　　(4) _____

(5) _____　　(6) _____

2　次の日本語の意味に合うように語句を並べ替えなさい。

(1) 私はパンを買って来ました。
　　〔　了　买　我　面包　把　来　〕。
(2) 彼は寮へ帰って行きました。
　　〔　去　宿舎　了　他　回　〕。

3　次の文を中国語で書きなさい。

(1) 私はパソコンを買って帰って来ました。
　　_____

(2) 彼は走って教室へ入って行きました。
　　_____

(3) 彼女は衣服を洗いました。
　　_____

(4) あなたはしっかりと勉強すべきです。
　　_____

第13课 家族の紹介

🎧69

自己紹介をする時には、自分の家族について説明することも必要となる場合があります。最後の課では、鈴木明君による家族の紹介、自分が北京で中国語を学ぶことの意義について語ったことを綴り、本書に書かれた全ての内容を締めくくります。

学習目標 この課では、〈将然〉を示すアスペクト表現について学び、比較の表現についても習得します。また、自分の家族を紹介する方法も学びます。自己紹介をする時には、これが必要となる場合があります。しっかりと覚えましょう。

我 叫 铃木 明。我 是 从 日本 大阪 来 的。
Wǒ jiào Língmù Míng. Wǒ shì cóng Rìběn Dàbǎn lái de.

我 家 有 四 口 人。爸爸，妈妈，一 个 哥哥 和 我。
Wǒ jiā yǒu sì kǒu rén. Bàba, māma, yí ge gēge, hé wǒ.

爸爸 在 一 家 贸易 公司 工作。妈妈 是 小学 老师。
Bàba zài yì jiā màoyì gōngsī gōngzuò. Māma shì xiǎoxué lǎoshī.

哥哥 比 我 大 四 岁。他 在 银行 工作。
Gēge bǐ wǒ dà sì suì. Tā zài yínháng gōngzuò.

在 北京，我 一边 学习 一边 游玩儿，过得 很 开心。
Zài Běijīng, wǒ yìbiān xuéxí yìbiān yóuwánr, guòde hěn kāixīn.

北京 好玩儿 的 地方 太 多 了。
Běijīng hǎowánr de dìfang tài duō le.

我 真 希望 每天 出去 游览 名胜 古迹，品尝 风味 小吃…
Wǒ zhēn xīwàng měitiān chūqu yóulǎn míngshèng gǔjì, pǐncháng fēngwèi xiǎochī…

可是 快要 考试 了。现在 我 得 在 宿舍 好好儿 学习。
Kěshì kuàiyào kǎoshì le. Xiànzài wǒ děi zài sùshè hǎohāor xuéxí.

🎧70

新出語句

大阪 Dàbǎn	名	大阪
的 de	助	～したもの
贸易 màoyì	名	貿易
公司 gōngsī	名	会社
小学 xiǎoxué	名	小学校
比 bǐ	介	～より
大 dà	介	年上
银行 yínháng	名	銀行

一边～一边～ yìbiān~ yìbiān~		～しながら～する
游玩儿 yóuwánr	動	ぶらぶらする
过 guò	動	過ごす
开心 kāixīn	形	楽しい
好玩儿 hǎowánr	形	面白い
地方 dìfang	名	場所
太～了 tài~le		とても～

第 13 课　家族の紹介

希望 xīwàng 動 希望する	可是 kěshì 接 しかし
出去 chūqù 出て行く	快要～了 kuàiyào~le もうすぐ～
游览 yóulǎn 動 遊覧する	考试 kǎoshì 動 テストをする
品尝 pǐncháng 動 味わう	得 děi 助動 ～しなければならない
风味小吃 fēngwèi xiǎochī 名 郷土のおやつ	

文法のポイント

1. アスペクト表現⑤〈将然〉を示す"要（"快"）～了"

ある状況が近い将来に発生することを示す時、それを表す動詞の前に"要"、後に"了"が置かれ、"要～了"が構成されます。意味は「もうすぐ～になる」となります。その変形として"快～了"または"就要～了"も使用されます。

　　"要（"快""就要"）" ＋ Ａ ＋ "了"　　　　もうすぐＡになる。
　　　　　　　　　　　　（動詞）

要考试了。　　　　Yào kǎoshì le.
就要放暑假了。　　Jiùyào fàng shǔjià le.
快下课了。　　　　Kuài xiàkè le.

2. 比較の表現

その人物や事物の条件が他方より程度が勝っていることを示す時、両者の間に介詞"比"が置かれて内容を示す形容詞が後続され、比較の表現が構成されます。意味は「～より～である」となります。否定の場合は、"比"の前に"不"が置かれます。

　　Ａ ＋ "比" ＋ Ｂ ＋ Ｃ　　　　ＡはＢよりＣである。
　　人物等　　　　　比較の対象　（形容詞）

今天比昨天冷。　　　　Jīntiān bǐ zuótiān lěng.
姐姐比妹妹大两岁。　　Jiějie bǐ mèimei dà liǎng suì.
黄河不比长江长。　　　Huánghé bù bǐ Chángjiāng cháng.

程度が他方の水準にまで達していないことを表現する場合には、"比"と同じ位置に"没有"が置かれます。意味は「～ほど～ではない」となります。

A ＋ "没有" ＋ B ＋ C　　　AはBほどCではない。
人物等　　　　　　　比較の対象　（形容詞）

北京没有东京热。　　　Běijīng méiyǒu Dōngjīng rè.
英语没有法语难。　　　Yīngyǔ méiyǒu Fǎyǔ nán.

　程度が他方とだいたい同じであることを示す時には、他方を表す語の前に「～と」を意味する"跟"が置かれ、その後に「同じ」を意味する"一样"、比較の内容を表す形容詞が続きます。意味は「～と同じくらい～」となります。

A ＋ "跟" ＋ B ＋ "一样" ＋ C　　　AはBと同じくらいCである。
人物等　　　比較の対象　　　　　（形容詞）

我跟她一样忙。　　　Wǒ gēn tā yíyàng máng.
这枝钢笔跟那枝一样贵。　　　Zhè zhī gāngbǐ gēn nà zhī yíyàng guì.

3. "太～了"

　状況の程度が甚だしいことを強調する時には、その状況を表す形容詞の前部と後部に"太"と"了"が置かれます。意味は「たいへん～」となります。但し、その内容はマイナス的イメージが強い場合もあり、その場合は「～すぎる」となります。

A ＋ "太" ＋ B ＋ "了"　　　AはたいへんBである。
　　　　　　　（形容詞）　　　　　　　AはBすぎる。

今年夏天太热了。　　　Jīnnián xiàtiān tài rè le.
那件衣服太贵了。　　　Nà jiàn yīfu tài guì le.
今天作业太多了。　　　Jīntiān zuòyè tài duō le.

4. "一边～一边～"

　2つの行為が同時に進行されることを表現する時には、行為を表する各動詞の前に"一边"が置かれて"一边～一边～"が構成されます。意味は「～しながら～する」となります。

"一边" ＋ A ＋ "一边" ＋ B　　　AをしながらBをする。
　　　　　行為①　　　　　　行為②

我一边走一边说。　　　Wǒ yìbiān zǒu yìbiān shuō.
他一边看电视一边吃饭。　　　Tā yìbiān kàn diànshì yìbiān chī fàn.
她一边喝咖啡一边听音乐。　　　Tā yìbiān he kāfēi yìbiān tīng yīnyuè.

5. "是～的"

既に実現した行為の時間・場所・方法等の条件を強調する時には、条件・行為それぞれの表現の組み合わせの前部と後部に "是" と "的" が置かれます。意味は「～は～したのである」となります。

A ＋ "是" ＋ { B ＋ C } ＋ "的"　　　AはBCしたのである。
　　　　　　　　条件　　行為

我是坐电车来的。　　Wǒ shì zuò diànchē lái de.
他是昨天到的。　　　Tā shì zuótiān dào de.

補充語句

暑假 shǔjià　名　夏季休暇
冷 lěng　形　寒い
妹妹 mèimei　名　妹
黄河 Huánghé　名　黄河
长江 Chángjiāng　名　長江
长 cháng　形　長い
热 rè　形　暑い

跟 gēn　介　～と
一样 yíyàng　形　同じである
枝 zhī　助数　～本
夏天 xiàtiān　名　夏
听 tīng　動　聞く
音乐 yīnyuè　名　音楽
电车 diànchē　名　電車

単語帳⑬　　職業

工人 gōngrén　労働者
医生 yīshēng　医者
律师 lǜshī　弁護士
教员 jiàoyuán　教員

农民 nóngmín　農民
工程师 gōngchéngshī　エンジニア
护士 hùshi　看護師
司机 sījī　運転手

練　習

1 次の発音を聞いて漢字で書きなさい。　🎧72

(1) ＿＿＿＿＿＿＿＿＿＿＿＿＿　　(2) ＿＿＿＿＿＿＿＿＿＿＿＿＿

(3) ＿＿＿＿＿＿＿＿＿＿＿＿＿　　(4) ＿＿＿＿＿＿＿＿＿＿＿＿＿

(5) ＿＿＿＿＿＿＿＿＿＿＿＿＿　　(6) ＿＿＿＿＿＿＿＿＿＿＿＿＿

2 次の日本語の意味に合うように語句を並べ替えなさい。

(1) 中国語は英語より難しいです。
〔　比　汉语　难　英语　〕。

(2) 私は飛行機に乗って来たのです。
〔　飞机　的　是　我　坐　来　〕。

(3) 先生がもうすぐ来ます。
〔　来　老师　了　快要　〕。

3 次の文を中国語で書きなさい。

(1) これはあれより美しいです。

　＿＿＿＿＿＿＿＿＿＿＿＿＿＿＿＿＿＿＿＿＿＿＿＿＿＿

(2) 今日は昨日ほど暑くありません。

　＿＿＿＿＿＿＿＿＿＿＿＿＿＿＿＿＿＿＿＿＿＿＿＿＿＿

(3) 彼女は私と同じくらいの身長です。

　＿＿＿＿＿＿＿＿＿＿＿＿＿＿＿＿＿＿＿＿＿＿＿＿＿＿

(4) あなた達の大学は遠すぎます。

　＿＿＿＿＿＿＿＿＿＿＿＿＿＿＿＿＿＿＿＿＿＿＿＿＿＿

(5) これは私が買ったのです。

　＿＿＿＿＿＿＿＿＿＿＿＿＿＿＿＿＿＿＿＿＿＿＿＿＿＿

語彙索引

数字は初めて使用された課数を表します。（新出語句・補充語句）

A

啊 a ………………………… 4

B

吧 ba ………………………… 3
把 bǎ ………………………… 12
爸爸 bàba …………………… 2
半 bàn ………………………… 8
包子 bāozi …………………… 11
班 bān ………………………… 4
北京 Běijīng ………………… 5
杯 bēi ………………………… 7
杯子 bēizi …………………… 11
背 bèi ………………………… 7
本 běn ………………………… 5
本子 běnzi …………………… 2
比 bǐ ………………………… 13
比较 bǐjiào …………………… 3
不客气 bú kèqi ……………… 7
不 bù ………………………… 1

C

菜 cài ………………………… 9
参观 cānguān ………………… 3
参考书 cānkǎoshū …………… 2
长 cháng ……………………… 13
长江 Chángjiāng ……………… 13
常 cháng ……………………… 7
唱 chàng ……………………… 10
炒饭 chǎofàn ………………… 7
城楼 chénglóu ………………… 11
吃 chī ………………………… 2
出去 chūqù …………………… 13
出发 chūfā …………………… 11
词典 cídiǎn …………………… 2
次 cì ………………………… 9

从 cóng ……………………… 11

D

打 dǎ ………………………… 6
打工 dǎgōng ………………… 5
大 dà ………………………… 3, 13
大阪 Dàbǎn …………………… 13
大楼 dàlóu …………………… 9
大学生 dàxuéshēng ………… 1
带 dài ………………………… 12
当然 dāngrán ………………… 6
到 dào ………………………… 11
的 de ………………………… 2, 13
得 de ………………………… 10
得 děi ………………………… 13
德国 Déguó …………………… 7
等 děng ……………………… 8
灯笼 dēnglong ……………… 11
地方 dìfang …………………… 13
地图 dìtú ……………………… 11
点 diǎn ……………………… 6
点钟 diǎnzhōng ……………… 10
店 diàn ……………………… 9
电车 diànchē ………………… 13
电话 diànhuà ………………… 11
电脑 diànnǎo ………………… 2
电影 diànyǐng ………………… 9
电子 diànzǐ …………………… 8
东京 Dōngjīng ………………… 4
东西 dōngxi ………………… 7
都 dōu ………………………… 5
对 duì ………………………… 1, 11
多 duō ………………………… 3
多少 duōshao ………………… 8

73

F

发音 fāyīn ········· 7
法国 Fǎguó ········· 4
法语 Fǎyǔ ········· 9
饭 fàn ········· 2
放 fàng ········· 11
飞机 fēijī ········· 6
风味小吃 fēngwèi xiǎochī ········· 13

G

干 gàn ········· 6
钢笔 gāngbǐ ········· 4
个 ge ········· 5
歌儿 gēr ········· 10
哥哥 gēge ········· 7
给 gěi ········· 11
跟 gēn ········· 13
公司 gōngsī ········· 13
工作 gōngzuò ········· 5
故宫博物院 Gùgōng Bówùyuàn ········· 11
挂 guà ········· 11
关上 guānshàng ········· 12
广场 guǎngchǎng ········· 11
贵 guì ········· 8
贵姓 guìxìng ········· 1
过 guo ········· 9
过 guò ········· 13

H

还 hái ········· 5
还是 háishi ········· 7, 11
汉语 Hànyǔ ········· 2
汉字 Hànzì ········· 11
韩国 Hánguó ········· 9
好 hǎo ········· 1
好好儿 hǎohāor ········· 5
好玩儿 hǎowánr ········· 13
喝 hē ········· 4
黑板 hēibǎn ········· 11

很 hěn ········· 3
红 hóng ········· 11
后边儿 hòubianr ········· 4
后面儿 hòumianr ········· 11
花 huā ········· 8
还 huán ········· 5
黄河 Huánghé ········· 13
回 huí ········· 6
会 huì ········· 6

J

机场 jīchǎng ········· 11
几 jǐ ········· 10
纪念 jìniàn ········· 12
家 jiā ········· 6, 9
加油 jiāyóu ········· 7
见 jiàn ········· 9
件 jiàn ········· 10
建筑 jiànzhù ········· 11
教 jiāo ········· 6
叫 jiào ········· 1, 7
教室 jiàoshì ········· 12
教学楼 jiàoxuélóu ········· 4
姐姐 jiějie ········· 8
借 jiè ········· 5
介绍 jièshào ········· 11
今年 jīnnián ········· 9
今天 jīntiān ········· 3
进 jìn ········· 11
京剧 Jīngjù ········· 9
酒 jiǔ ········· 6
纠正 jiūzhèng ········· 7
就 jiù ········· 8
就是 jiùshì ········· 11
剧场 jùchǎng ········· 9

K

咖啡 kāfēi ········· 4
开车 kāichē ········· 6

語彙索引

開館 kāi guǎn ················ 11
開心 kāixīn ················ 13
看 kàn ················ 4
考試 kǎoshì ················ 13
可 kě ················ 9
可乐 kělè ················ 7
可是 kěshì ················ 13
课 kè ················ 7
课本 kèběn ················ 2
课文 kèwén ················ 7
客气 kèqi ················ 7
口 kǒu ················ 10
快 kuài ················ 10
块钱 kuàiqián ················ 10
快要～了 kuàiyào~le ················ 13

L

啦 la ················ 7
来 lái ················ 2
老师 lǎoshī ················ 1
了 le ················ 8
冷 lěng ················ 13
里 lǐ ················ 12
礼堂 lǐtáng ················ 4
俩 liǎ ················ 8
两 liǎng ················ 8
流利 liúlì ················ 10
留学生 liúxuéshēng ················ 1
楼 lóu ················ 5
楼上 lóushàng ················ 12

M

吗 ma ················ 1
妈妈 māma ················ 11
买 mǎi ················ 4
忙 máng ················ 3
贸易 màoyì ················ 13
没 méi ················ 4
每天 měitiān ················ 5

妹妹 mèimei ················ 13
门口 ménkǒu ················ 8
米 mǐ ················ 6
面包 miànbāo ················ 8
面条 miàntiáo ················ 3
名字 míngzi ················ 1
名胜古迹 míngshèng gǔjì ················ 12

N

那 nà ················ 2
那边儿 nàbianr ················ 4
哪儿 nǎr ················ 8
难 nán ················ 3
呢 ne ················ 2
能 néng ················ 6
你 nǐ 您 nín ················ 1
你们 nǐmen ················ 1
你好 nǐ hǎo ················ 1
念 niàn ················ 7
努力 nǔlì ················ 5

O

噢 ō ················ 9

P

拍 pāi ················ 12
跑 pǎo ················ 10
陪 péi ················ 3
朋友 péngyou ················ 2
便宜 piányi ················ 9
票 piào ················ 11
漂亮 piàoliang ················ 12
品尝 pǐncháng ················ 13
乒乓球 pīngpāngqiú ················ 6
平时 píngshí ················ 6

Q

汽车 qìchē ················ 4
钱 qián ················ 8

75

前边儿 qiánbianr ················· 11
茄子 qiézi ······················ 12
请多关照 qǐng duō guānzhào ······ 1
去 qù ··························· 3

R

让 ràng ·························· 6
热 rè ··························· 13
热闹 rènao ······················ 9
人民大会堂 Rénmín dàhuìtáng ····· 11
日本 Rìběn ······················ 1
日本人 Rìběnrén ················· 1
日文 Rìwén ······················ 5

S

商场 shāngchǎng ················· 8
上边儿 shàngbianr ··············· 11
上课 shàngkè ···················· 6
少 shǎo ························· 5
谁 shéi(shuí) ··················· 1
身体 shēntǐ ····················· 4
什么 shénme ····················· 1
食堂 shítáng ···················· 5
是 shì ·························· 1
试 shì ·························· 6
手机 shǒujī ····················· 7
售货员 shòuhuòyuán ············· 10
书 shū ·························· 2
书包 shūbāo ····················· 5
书城 shūchéng ··················· 8
书店 shūdiàn ···················· 4
舒服 shūfu ······················ 8
暑假 shǔjià ···················· 13
数码相机 shùmǎ xiàngjī ·········· 4
水饺 shuǐjiǎo ··················· 7
说 shuō ························· 6
送 sòng ························ 11
宿舍 sùshè ······················ 8
岁 suì ·························· 9

T

他 tā ··························· 1
她 tā ··························· 1
它 tā ··························· 1
他们 tāmen ······················ 1
她们 tāmen ······················ 1
它们 tāmen ······················ 1
太~了 tài~le ··················· 13
太和殿 Tàihédiàn ··············· 12
太和门 Tàihémén ················ 12
趟 tàng ························· 8
特别 tèbié ····················· 10
体育馆 tǐyùguǎn ················· 6
天安门 Tiān'ānmén ·············· 11
条 tiáo ························· 8
听 tīng ························ 13
图书馆 túshūguǎn ················ 4

W

外国 wàiguó ····················· 4
外文 wàiwén ····················· 5
晚 wǎn ························· 10
王府井大街 wángfǔjǐng dàjiē ····· 9
网球 wǎngqiú ···················· 6
围巾 wéijīn ····················· 8
文化 wénhuà ···················· 11
我 wǒ ··························· 1
我们 wǒmen ······················ 1
午饭 wǔfàn ······················ 5

X

希望 xīwàng ···················· 13
吸烟 xīyān ······················ 6
喜欢 xǐhuan ····················· 4
下课 xiàkè ······················ 6
夏天 xiàtiān ··················· 13
下午 xiàwǔ ······················ 6
先 xiān ························· 6
现在 xiànzài ··················· 10

76

想 xiǎng	3	右边儿 yòubianr	6
小说 xiǎoshuō	11	雨伞 yǔsǎn	12
小学 xiǎoxué	13	远 yuǎn	11
校园 xiàoyuán	3	阅览室 yuèlǎnshì	5
写 xiě	11	运动 yùndòng	6
谢谢 xièxie	7	运动衫 yùndòngshān	8
新 xīn	5		
信 xìn	11	**Z**	
姓 xìng	1	在 zài	4, 5, 10
兴趣 xìngqù	11	咱们 zánmen	1
休息 xiūxi	5	怎么样 zěnmeyàng	4
学习 xuéxí	2	张 zhāng	11
学校 xuéxiào	2	照（片）zhào(piàn)	12
学生 xuésheng	3	找 zhǎo	10
		这 zhè	2
Y		着 zhe	11
要 yào	5	真 zhēn	9
也 yě	7	这儿 zhèr	5
衣服 yīfu	2	这么 zhème	9
一下 yíxià	11	枝 zhī	13
一样 yíyàng	13	中国 Zhōngguó	2
已经 yǐjīng	9	中国人 Zhōngguórén	3
一起 yìqǐ	3	桌子 zhuōzi	11
一边～一边～ yìbiān~ yìbiān~	13	资料 zīliào	5
意大利 Yìdàlì	4	走 zǒu	3
一点儿 yìdiǎnr	8	昨天 zuótiān	8
音像 yīnxiàng	5	左边儿 zuǒbianr	6
音乐 yīnyuè	13	座 zuò	9
银行 yínháng	13	做 zuò	10
应该 yīnggāi	12	作业 zuòyè	10
英语 Yīngyǔ	2		
游 yóu	6		
游览 yóulǎn	13		
游玩儿 yóuwánr	13		
游泳 yóuyǒng	6		
有 yǒu	4		
有点儿 yǒudiǎnr	8		
有名 yǒumíng	11		
有意思 yǒuyìsi	9		

中国語初級テキスト
はじめまして中国語（CD付）

椿　正美　著
戚　長纓

2014. 3. 1　初刷発行

発行者　井　田　洋　二

〒101-0062　東京都千代田区神田駿河台3の7
電話　東京 03(3291)1676　FAX 03(3291)1675
発行所　振替　00190-3-56669番
E-mail：edit@e-surugadai.com
URL：http://www.e-surugadai.com

株式会社　駿河台出版社

ISBN978-4-411-03087-0　C1087　Y2200E
組版・印刷　㈱音羽印刷